Platon zum Vergnügen

Platon zum Vergnügen

»Ich komme aus dem Staunen nicht heraus«

Herausgegeben von
Bernhard Kytzler

Mit 8 Abbildungen

Philipp Reclam jun. Stuttgart

Der Herausgeber dankt der University of KwaZulu-Natal,
Durban, Südafrika, für die freundliche Unterstützung
bei der Arbeit an diesem Buch

RECLAMS UNIVERSAL-BIBLIOTHEK Nr. 18617

Umschlaggestaltung: Stefan Schmid Design, Stuttgart
Gesamtherstellung: Reclam, Ditzingen. Printed in Germany 2009
RECLAM, UNIVERSAL-BIBLIOTHEK und
RECLAMS UNIVERSAL-BIBLIOTHEK sind eingetragene Marken
der Philipp Reclam jun. GmbH & Co., Stuttgart
ISBN 978-3-15-018617-6

www.reclam.de

Inhalt

Ein Freund Platons war Friedrich Nietzsche wirklich nicht. Er hat manches böse Wort über ihn gesagt, hat mancherlei harsche Kritik geäußert. Aber er sah doch und formulierte, scharfsichtig und scharfsinnig und scharfzüngig, den wesentlichen Zug im Werke des Fürsten der Philosophie: »Wer das fortwährende Jauchzen nicht hört, welches durch jede Rede und Gegenrede eines platonischen Dialogs geht, das Jauchzen über die neue Erfindung des vernünftigen Denkens, was versteht der von Plato, was von der alten Philosophie?« (*Morgenröte* 5,544).

In der Tat genießen Autor und Leser gleichermaßen die groß und genau gefaßte Gedankenführung dieser genial gedachten und geformten Gespräche. Hier wird entdeckt, entwickelt und praktiziert, was für alle folgenden Generationen – uns eingeschlossen – Grundlage und Maßstab geworden ist: die geregelte Folgerungskunst, wie sie vom oberflächlichen Schein fortführt, hin zum wahren Wesen der Dinge, der realen wie der abstrahierten. Was ist ein Tisch? Was ein Staat? Und was die Freundschaft? Die Tapferkeit? Gar: die Tüchtigkeit? Und schließlich: das Empfinden der Glückseligkeit?

Was das Leben lebenswert macht, das zu finden weisen die platonischen Erzählungen und Erörterungen den Weg. Daran mag der Leser gewiß sein Vergnügen finden. So wie der antike Autor es auch seine Sokrates-Figur in ernstester Stunde formulieren ließ: » ... das größte Glück für einen Menschen ist, Tag für Tag über den sittlichen Wert Gespräche zu führen und über die anderen Dinge, über die ihr mich reden hört, indem ich mich selbst und andere einer Prüfung unterziehe, und daß ein Leben ohne Prüfung für den Menschen nicht lebenswert sei« (*Apologie* 38a).

So ist auch zu prüfen, was »Vergnügen« sei. Bert Brecht etwa listet in seinem Gedicht *Vergnügungen* anderthalb

Dutzend unterschiedliche Erfreulichkeiten auf, vom »erste[n] Blick aus dem Fenster am Morgen« über »Bequeme Schuhe« bis hin zum »Freundlich sein«. Auch Platon widmet dieser Frage des Vergnüglichen verschiedentlich seine Aufmerksamkeit; seine Antworten sind im folgenden in unserem zweiten Kapitel zu finden. Festzuhalten aber bleibt, daß das, was dort die einen als »sittlichen Wert« verdeutschen, andere ihrerseits die »Tugend« nennen und wieder andere als die »beste Lebensform« umschreiben. Die altgriechische *arete*, die im vorigen Jahrhundert sogar als »Tucht« (von »taugen«) ins Deutsche eingebürgert werden sollte, sie mag für den Übersetzer ein Problem sein – für den Leser tritt es nicht in Erscheinung.

Bei der Lektüre wird deutlich, daß Platons Gedanken sich auf das Vergnügen höchster Art richten. Nicht der schulterklopfende, schenkelschlagende Spaß ist anvisiert, nicht leerer Zeitvertreib oder haltlose Unterhaltung, sondern das gedankenreiche Dasein in geistiger Erfüllung. Dieses Vergnügen ist für den, der sich ihm widmen will, leicht zu haben, einfach zu finden und lohnend zu bewahren.

Nicht selten wechselt Platon im Verlaufe eines Werkes Methode und Stil. An die Seite der meistens gebrauchten Wechselrede tritt dann kurzzeitig der geschlossene Vortrag; der logisch konsequenten Fortführung eines Gedankens gesellt sich die Ausmalung eines ergänzenden Bildes; der frei fließende Mythos löst die streng stufenorientierte, zielgerichtete Dialektik ab. Dieser erzählt anschaulich von einer konkreten Situation, die das zuvor abstrakt besprochene Problem zu erhellen vermag, die es großflächig grundiert, die es detailliert demonstriert, die es erhellend ausleuchtet.

Neben den Mythenerzählungen werden gern auch Gleichnisse von Platon eingebracht. Sie dienen dem intellektuellen Vergnügen an der Ähnlichkeit zweier grundsätzlich getrennter Bereiche, deren Gemeinsamkeiten und

Gegensätze zu beobachten den Geist anregt, ihn bewegt und befriedigt und erfreut. Es ist die Regung, der folgend Cicero den Rednern empfiehlt, Metaphern reichlichst zu benutzen, »weil diese aufgrund der Ähnlichkeiten den Geist hin und her führen und ihn hierhin und dorthin leiten – eine gedankliche Bewegung, die infolge ihrer Schnelligkeit schon an und für sich aus sich selbst heraus erfreut« (*Orator* 134).

So wird denn also auch unsere hier folgende Sammlung einerseits geschlossene Textstücke anbieten, die sich als Mythen und Gleichnisse zeigen; sie wird andererseits kürzere Formulierungen aus den verschiedenen Gesprächen vorstellen, die als Fragmente des Diskurses besonderen Wert besitzen – ein Echo eben jenes fortwährenden »Jauchzens«, das selbst der Platon-Feind Nietzsche nicht zu überhören vermochte. Und das den modernen Leser rasch zum Platon-Freund macht.

Bernhard Kytzler
University of KwaZulu-Natal
Durban, Südafrika

I
Gebet zum Beginn

SOKRATES. [...] Deine Aufgabe, Timaios, ist es nun wohl, wie es scheint, das Folgende darzustellen, nachdem du dem Brauch entsprechend die Götter angerufen hast.

TIMAIOS. Ja, Sokrates, das tun doch alle, die auch nur über einen Funken von gesundem Menschenverstand verfügen: zu Beginn einer jeden Unternehmung, sei sie klein oder groß, rufen sie wohl immer einen Gott an. Wir aber, die wir darangehen, Reden über das All zu halten, wie es entstanden ist, oder auch, ob es unentstanden ist, müssen, wenn wir nicht ganz und gar von Sinnen sind, Götter und Göttinnen anrufen und darum beten, daß wir alles so darstellen, wie es jenen am ehesten nach ihrem Sinn ist und für uns folgerichtig. Und die Götter seien hiermit angerufen, an uns selbst soll nun der Aufruf ergehen, wie ihr wohl am leichtesten zur Einsicht gelangt und wie ich wohl am besten verdeutlichen kann, wie ich über den vorliegenden Gegenstand denke. *Timaios* 27c–d

II

Facetten des Vergnügens

Bei der Hera, ein schöner Ruheplatz! Hier die Platane, mächtig ausladend und hoch, und wie schön der Wipfel des Keuschbaumes und sein dichter Schatten, und wie er gerade in vollster Blüte steht, so daß er den Ort ganz mit seinem Dufte erfüllt. Und die lieblichste Quelle, die unter der Platane fließt, mit ganz kühlem Wasser, wie man am Fuße spürt. Nach den Mädchenfiguren und Weihbildern ist es offenbar ein Heiligtum einiger Nymphen und des Acheloos. Wie man nur wünschen mag: wie angenehm und sehr süß ist das Wehen der Luft an diesem Orte. Sommerlich und hell tönt sie im Chor der Zikaden. Der Rasen aber ist der allerzarteste, wie er allmählich ansteigt, um, wenn man sich ausstrecken will, dem Haupte die angenehmste Stütze zu geben. Aufs beste hast du dich als Führer bewährt, mein lieber Phaidros. *Phaidros* 230b

… den meisten [Übeln] hat irgendein Dämon Augenblicke der Lust beigemischt, wie die Natur dem Schmeichler, einem furchtbaren Untier und großem Verderben, dennoch eine nicht geistlose Lust beimischte, und wie man eine Hetäre als verderblich schelten kann, und was es sonst noch vieles an derartigen Geschöpfen und Bedürfnissen geben mag: die alle gewähren doch für Stunden großen Genuß.

Phaidros 240a–b

… man kennt das Bedürfnis, aus Freundschaft oder um irgendeines anderen Vergnügens wegen miteinander zu reden. *Phaidros* 232b

… wir, die Zuhörer, dürften uns so am ehesten freuen, nicht vergnügen – denn ›Sich-Freuen‹ bedeutet, daß man etwas lernt und Einsicht gewinnt allein mit dem Denken, ›Sich-Vergnügen‹ aber, daß man etwas ißt oder etwas anderes Vergnügliches empfindet allein mit dem Körper. *Protagoras* 337c

… fast möchte ich behaupten, daß gerade Selbsterkenntnis die Bestimmung von Besonnenheit ist, und somit dem Verfasser der Delphischen Inschrift [»Erkenne dich selbst!«] beipflichten. Die Inschrift steht dort nämlich meiner Meinung nach als Begrüßung des Gottes an die Eintretenden anstatt des »Sei vergnügt!«, weil diese Begrüßung nicht richtig sei, das Vergnügtsein, und weil wir uns nicht dies gegenseitig wünschen sollten, sondern das Besonnensein. Auf diese Weise also begrüßt der Gott die Tempelbesucher, ganz anders, als die Menschen sich begrüßen. *Charmides* 164d–e

Wenn ich jedoch sage, dies sei das größte Glück für einen Menschen, Tag für Tag über den sittlichen Wert Gespräche zu führen und über die anderen Dinge, über die ihr mich reden hört, indem ich mich selbst und andere einer Prüfung unterziehe, und daß ein Leben ohne Prüfung für den Menschen nicht lebenswert sei, dann werdet ihr meinen Reden noch weniger

Glauben schenken. Es verhält sich zwar so, wie ich sage, ihr Männer; doch andere davon zu überzeugen ist nicht leicht. *Apologie* 38a

... von dem, was ich gestern gehört habe, weiß ich nicht recht, ob ich mir alles wieder ins Gedächtnis zurückrufen könnte. Von dem aber, was ich vor sehr langer Zeit gehört habe, würde es mich sehr wundern, wenn mir davon etwas entfallen sein sollte. Es wurde damals mit großem Vergnügen und kindlicher Freude angehört ... *Timaios* 26b

Wenn einer der Erholung zuliebe die Erörterungen über das ewig Seiende beiseite legt, sich auf die wahrscheinlichen Erörterungen über das Werden konzentriert und sich so ein Vergnügen ohne Reue verschafft, könnte er damit in seinem Leben ein maßvolles und geistreiches Spiel treiben. *Timaios* 59c–d

Sagst du nun, Protagoras, sprach ich, daß manche Menschen gut leben, manche schlecht? – Er bejahte. – Scheint dir denn ein Mensch etwa gut zu leben, wenn er gequält und betrübt lebt? Nein, sagte er. – Wie aber, wenn er lustvoll sein Leben gelebt hätte und so stürbe? Scheint er dir etwa nicht auf diese Art gut gelebt zu haben? – Mir schon, sprach er. – Also ist das Lustvoll-Leben gut, das Unlustvoll-Leben schlecht.

Protagoras 351b–c

Es scheint den meisten mit dem Wissen etwa so zu stehen [...]: obwohl oftmals im Menschen Wissen sei, herrsche nicht das Wissen über ihn, sondern etwas anderes, bisweilen Zorn, bisweilen Lust, bisweilen Unlust, manchmal Leidenschaft, häufig Furcht, wobei sie einfach so denken über das Wissen wie über einen Sklaven, daß es hin- und hergerissen wird von allem übrigen. *Protagoras* 352b–c

... des Sokrates zu gedenken, sowohl selbst von ihm redend als auch anderen zuhörend, ist immer von allem das Erfreulichste. *Phaidon* 58d

III

Facetten des Eros

Der Mythos vom Kugelmenschen

»... wenn du im Sinn hast, den Gott irgendwie anders zu preisen, preise ihn auf deine Art, da auch dein Schluckauf aufgehört hat.«

Aristophanes ergriff nun das Wort und sagte: »Ja wirklich, er hat aufgehört, jedoch nicht, bevor ich ihm mit dem Niesen gekommen bin, sodass ich mich verwundert frage, ob die Ordnung des Körpers nach Geräuschen und Kitzeln von der Art verlangt, wie es das Niesen ist, hat er doch sofort aufgehört, als ich ihm mit dem Niesen gekommen bin.« Darauf erwiderte Eryximachos: »Mein guter Aristophanes, pass auf, was du tust! Schon vor Beginn deiner Rede machst du Witze und zwingst mich dazu, zum Wächter deiner Rede zu werden, um aufzupassen, ob du etwas Lächerliches sagst, während du sonst in Ruhe reden könntest.« Da lachte Aristophanes und entgegnete: »Gut gesprochen, Eryximachos, und was ich gesagt habe, soll ungesagt sein. Aber sei nicht mein Aufpasser, denn bei dem, was ich jetzt sagen will, habe ich Angst – nicht davor, etwas Lustiges zu sagen (denn das wäre ja ein Gewinn und das Metier unserer Muse), sondern davor, mich lächerlich zu machen.« – »Du hast einen Treffer gelandet, Aristophanes«, erwiderte Eryximachos, »und glaubst damit zu entwischen. Aber merke auf und sprich so, als müsstest du Rede und Antwort stehen, vielleicht aber werde ich dich auch, wenn es mir richtig erscheint, laufen lassen.«

Gastmahl des Plato. Gemälde von Anselm Feuerbach, 1873
(Berlin, Alte Nationalgalerie)

»Ja wirklich, Eryximachos«, sagte Aristophanes, »ich habe im Sinn, irgendwie anders zu sprechen als ihr beide, du und Pausanias, gesprochen habt; denn meiner Meinung nach haben die Menschen die Macht des Eros überhaupt noch nicht begriffen. Hätten sie diese nämlich begriffen, würden sie die größten Heiligtümer und Altäre für ihn errichten und die größten Opfer darbringen – nicht wie jetzt, da nichts davon für ihn geschieht, obwohl er es am meisten von allen verdient hätte, ist er doch der menschenfreundlichste unter den Göttern, ein Helfer der Menschen und Arzt für diejenige Krankheit, deren Heilung wohl das größte Glück für das Menschengeschlecht bedeutet. Ich will nun versuchen, euch seine Macht vorzustellen, ihr aber werdet die Lehrer der anderen sein. Zuerst aber müsst ihr die menschliche Natur kennenlernen und was ihr widerfahren ist; denn in alter Zeit war unsere Beschaffenheit nicht dieselbe wie jetzt, sondern von anderer Art. In alten Zeiten gab es nämlich drei Geschlechter der Menschen, nicht wie jetzt zwei, das männliche und das weibliche, sondern es gab ein drittes, das an diesen beiden Anteil hatte; von ihm ist jetzt noch die Bezeichnung übrig, es selbst aber ist verschwunden. Denn es gab damals noch das männlich-weibliche Geschlecht, das dem Aussehen und der Bezeichnung nach aus den beiden anderen Geschlechtern, dem männlichen und dem weiblichen, gemeinsam bestand. Jetzt aber existiert es nicht mehr, außer als Schimpfname. Weiterhin war jeder Mensch von ganz kugelrunder Gestalt, wobei der Rücken und die Seiten einen Kreis bildeten, und jeder hatte vier Arme und genauso viele Beine sowie zwei Gesichter auf einem kreisrunden Hals, die in jeder Hinsicht ähnlich waren, und einen einzigen Kopf für die beiden in entgegengesetzte Richtungen blickenden Gesichter, weiterhin vier Ohren und zwei Geschlechtsteile und auch alles andere so, wie man es sich danach wohl vorstellen kann. Er ging aber auch wie jetzt aufrecht, wohin immer er wollte, und sooft er sich anschickte, schnell zu laufen, eilte er wie die Leute, die Rad schlagen, indem sie ihre Arme und Beine ausgestreckt im Kreis herumschwingen, schnell im Kreis dahin, wobei er sich auf seine damals acht Gliedmaßen stützte. Die drei Geschlechter, die von dieser Art waren, gab es deshalb, weil das männliche ursprünglich von der Sonne abstammte, das weibliche von der Erde und das, welches an beiden Anteil hat, vom Mond, weil auch der Mond an beiden Anteil hat. Kreisrund aber waren sowohl sie selbst als auch ihre Fortbewegung, weil sie ihren Erzeugern ähnlich waren. Sie besaßen nun gewaltige Stärke und Kraft, hatten ein ausgeprägtes Selbstbewusstsein und legten sich mit den Göttern an, und mit dem, was Homer über Ephialtes und Otos sagt, meint er jene, dass sie nämlich versuchten, einen Zugang zum Himmel zu schaffen, um die Götter anzugreifen. Zeus und die anderen Götter beratschlagten nun, was sie mit ihnen anstellen sollten – und waren ratlos. Denn es kam weder in Frage, sie zu töten und wie die Giganten mit dem Blitz zu erschlagen, um so ihr Geschlecht verschwinden zu lassen – so wären ja für die Götter auch die Ehrungen und Opfer von Seiten der Menschen verschwunden – noch ihr frevelhaftes Handeln zu dulden. Nach anstrengenden Überlegungen kam Zeus schließlich auf eine Idee und sagte: ›Ich glaube, einen Ausweg zu haben, wie einerseits die Menschen weiterexistieren könnten, andererseits aber von ihrem Übermut ablassen würden, nämlich dadurch, dass sie geschwächt werden. Ich werde sie nämlich jetzt, jeden Einzelnen, in zwei Teile zerschneiden, und sie werden dadurch schwächer werden, aber auch nützlicher für uns, weil sie an Zahl zunehmen. Und sie werden aufrecht auf zwei Beinen gehen. Wenn sie sich aber weiterhin als aufsässig erweisen sollten und nicht bereit sind, Ruhe zu geben, dann werde ich sie noch einmal zerschneiden, sodass sie sich auf einem Bein hüpfend fortbewegen müssen.‹ Sprach es und schnitt die Menschen auseinander, wie man Beeren zerteilt, die man einwecken will, oder wie man Eier mit Haaren zerschneidet. Er befahl dem Apollon, einem jeden, den er zerschnitten hatte, das Gesicht und die Hälfte des Halses zur Schnittfläche hin zu drehen, damit der Mensch ständig seine eigene Teilung vor Augen habe und dadurch anständiger sei; das Übrige befahl er zu heilen. Und der drehte ihnen das Gesicht herum, zog von allen Seiten die Haut über den Teil, der jetzt Bauch heißt, zusammen, und wie einen zusammengeschnürten Geldbeutel band er sie mitten auf dem Bauch ab, indem er eine Öffnung schuf, die man jetzt Nabel nennt. Und die vielen anderen Falten glättete er und gestaltete die Brüste, wobei er ein ebensolches Werkzeug benutzte wie die Schuster, welche die Falten des Leders über dem Leisten glätten; wenige Falten um den Bauch und den Nabel selbst herum ließ er als Mahnmal für die einst erlittene Strafe übrig.

Nachdem nun ihre ursprüngliche Form auseinandergeschnitten war, sehnte sich eine jede Hälfte nach der ihr zugehörigen anderen und versuchte, mit ihr zusammenzukommen. Und indem sie sich mit den Armen umfassten und einander umschlangen, voller Begierde zusammenzuwachsen, starben sie infolge von Hunger und ihrer sonstigen Untätigkeit, weil sie nicht bereit waren, irgendetwas getrennt voneinander zu tun, und sooft eine der Hälften starb, die andere aber übrig blieb, suchte die übrig gebliebene wieder eine andere Hälfte und umschlang sie, ob sie nun der Hälfte einer ehemals ganzen Frau begegnete – was wir jetzt Frau nennen – oder der eines Mannes, und so gingen sie zugrunde. Da aber ergriff Zeus Mitleid, und er schuf den Menschen einen neuen Ausweg, indem er ihre Geschlechtsteile an die Vorderseite setzte; denn bis dahin hatten sie diese auf der Rückseite und zeugten und gebaren nicht ineinander, sondern in die Erde wie die Zikaden. So verlegte er also ihre Geschlechtsteile nach vorne und schuf dadurch die Zeugung durch das Männliche im Weiblichen, damit einerseits, wenn ein Mann auf eine Frau traf, sie in ihrer Vereinigung einen Nachkommen zeugten, andererseits, wenn ein Mann einem Mann begegnete, sie wenigstens in ihrer Vereinigung Befriedigung fänden, danach eine Pause machten, sich der Arbeit zuwendeten und sich um den sonstigen Lebensunterhalt kümmerten.

Seit so langer Zeit also ist das Liebesverlangen zueinander den Menschen eingepflanzt, führt die ursprüngliche Natur zusammen und versucht, eins aus zweien zu machen und die menschliche Natur zu heilen. Jeder von uns ist also das Bruchstück eines Menschen, da er aus einem Teil in zwei zerschnitten ist wie die Schollen. So also sucht immer ein jeder das zu ihm gehörende Bruchstück. Alle Männer nun, die ein Schnittstück des gemeinsamen Ganzen sind, das damals männlich-weiblich hieß, lieben Frauen, und der Großteil der Ehebrecher stammt aus diesem Geschlecht, und ebenso stammen alle Frauen, die Männer lieben, und die Ehebrecherinnen daher. Alle Frauen aber, die Schnittstück einer Frau sind, interessieren sich gar nicht für Männer, sondern sind vielmehr den Frauen zugeneigt und aus diesem Geschlecht stammen die Lesben. Alle aber, die Schnittstücke eines Männlichen sind, gehen dem Männlichen nach und lieben, solange sie Kinder sind, als Teilstücke des Männlichen Männer und freuen sich darüber, mit ihnen zusammenzuliegen und von ihnen umarmt zu werden, und sie sind die Besten unter den Knaben und Jünglingen, da sie von Natur aus am männlichsten sind. Es behaupten aber manche, dass sie schamlos seien, was eine Lüge ist. Sie tun dies nicht aus Schamlosigkeit, sondern aus Wagemut, Tapferkeit und Männlichkeit, da sie das hoch schätzen, was ihnen ähnlich ist. Ein überzeugender Beleg dafür: sind sie nämlich vollständig entwickelt, gehen nur derartige Männer in die Politik. Wenn sie aber zu Männern geworden sind, lieben sie Knaben, und der Sinn steht ihnen nicht von Natur aus nach Ehe und Kinderzeugung, sondern sie werden vom Gesetz dazu gezwungen; ihnen selbst genügt es, miteinander unverheiratet zusammenzuleben. Unter allen Umständen wird ein solcher Mann erst Freund eines Liebenden und dann ein Knabenliebhaber, weil er stets dem ihm Verwandten zugetan ist. Wenn einer nun genau auf seine andere Hälfte trifft, der Knabenliebhaber wie auch jeder andere, dann werden beide auf wunderbare Weise durch ein Gefühl von Freundschaft, Vertrautheit und Liebesverlangen überwältigt und sind sozusagen nicht bereit, sich auch nur für einen kleinen Augenblick voneinander zu trennen. Und gerade diejenigen, die ihr ganzes Leben miteinander verbringen, sind es, die wahrscheinlich nicht einmal sagen könnten, was sie sich voneinander wünschen; denn es glaubt doch wohl niemand, dass es der Geschlechtsverkehr ist, um dessentwillen der eine mit so großer Leidenschaft Freude darüber empfindet, mit dem anderen zusammen zu sein. Vielmehr ist es offenkundig, dass die Seele eines jeden der beiden etwas anderes will, was sie nicht aussprechen kann, aber sie ahnt, was sie will, und deutet es an. Und wenn zu ihnen, während sie zusammenliegen, Hephaistos mit seinen Werkzeugen in der Hand heranträte und fragte: ›Was ist es, was ihr Menschen voneinander wollt?‹ Und wenn er sie dann, wenn sie keine Antwort wüssten, erneut fragte: ›Habt ihr etwa danach Verlangen, möglichst viel miteinander zusammen zu sein, sodass ihr Tag und Nacht nicht voneinander lassen könnt? Wenn ihr nämlich das begehrt, so bin ich bereit, euch miteinander zu verschmelzen und in eins zusammenzuschweißen, sodass ihr, obwohl ihr zwei seid, eins werdet und, solange ihr lebt, gemeinsam als eine Einheit lebt und, wenn ihr gestorben seid, auch dort im Hades anstelle von zweien einer seid, weil ihr gemeinsam tot seid. Schaut also zu, ob ihr danach verlangt und damit zufrieden seid, wenn euch dies zuteil wird.‹ Wir wissen, dass wohl kein Einziger, der dies vernimmt, nein sagen würde und irgendeinen anderen Wunsch kundtäte, sondern er würde ohne Weiteres glauben, genau das gehört zu haben, was er schon längst begehrte, nämlich, mit dem Geliebten vereinigt und verschmolzen, aus zweien eins zu werden. Der Grund dafür ist nämlich, dass dies unsere ursprüngliche Natur war und wir ein Ganzes waren. Diesem Verlangen und Trachten nach Ganzheit eignet der Name Liebe. Und einstmals waren wir, wie ich sage, eins, jetzt aber sind wir wegen unseres Unrechts von dem Gott getrennt wie die Arkader von den Spartanern. Es steht nun zu befürchten, dass wir, wenn wir uns den Göttern gegenüber nicht anständig verhalten, noch einmal auseinandergeschnitten werden und dann in einem Zustand herumlaufen müssen wie die Figuren, die auf Säulen im Profil dargestellt sind, entlang den Nasen zersägt und wie die geteilten Würfel. Also soll deswegen ein jeder Mann alle anderen ermahnen, in jeder Hinsicht fromm gegenüber den Göttern zu sein, damit wir das eine vermeiden, des anderen aber teilhaftig werden – mit Eros als unserem Anführer und Befehlshaber. Dem soll niemand zuwiderhandeln (es handelt aber zuwider, wer sich den Göttern verhasst macht); wenn wir nämlich Freunde des Gottes geworden sind und uns mit ihm versöhnt haben, dann werden wir den uns zugehörigen Geliebten herausfinden und ihm begegnen, was von den Heutigen nur wenigen gelingt. Und Eryximachos soll es mir jetzt nicht voll Spott über meine Worte so interpretieren, als meinte ich Pausanias und Agathon (vielleicht gehören ja zufällig auch sie zu dieser Gruppe und sind beide von Natur aus männlich), ich aber meine das in Bezug auf alle, sowohl Männer als auch Frauen, dass unser Menschengeschlecht auf diese Weise glücklich werden könnte, wenn uns vollständige Erfüllung für unser Liebesverlangen zuteil würde, ein jeder den ihm zugehörigen Geliebten bekäme und so zu seiner ursprünglichen Natur zurückkehrte. Wenn aber dies das Beste ist, so ist notwendigerweise auch in der jetzt gegebenen Situation das, was diesem am nächsten kommt, sehr gut: Das aber besteht darin, einen Geliebten zu finden, der mit einem von Natur aus geistesverwandt ist. Wenn wir also den dafür verantwortlichen Gott zu preisen versuchen, dürften wir mit Recht Eros preisen, der uns in der Gegenwart größten Nutzen bringt, indem er uns zu dem führt, was uns zugehörig ist, und uns für die Zukunft, wenn wir den Göttern Frömmigkeit erweisen, größte Hoffnungen gewährt, uns dadurch, dass er uns in die ursprüngliche Natur zurückversetzt und heilt, selig und glücklich zu machen.

Dies, mein lieber Eryximachos, ist meine Rede über Eros; sie ist von anderer Art als die deine. Wie ich dich schon gebeten hab, treibe keinen Spott mit ihr ...«

Das Gastmahl 189d–193d

Die Rede der Diotima

»Und dabei hast du wirklich schön gesprochen, Agathon«, entgegnete Sokrates. »Aber sage mir noch eine Kleinigkeit: Scheint dir das Gute nicht auch schön zu sein?« – »Doch.« – »Wenn also Eros des Schönen bedarf, das Gute aber schön ist, dann bedarf er auch des Guten.« Agathon erwiderte: »Ich kann dir wohl nicht widersprechen, sondern es soll so sein, wie du sagst.« Er antwortete: »Der Wahrheit kannst du nicht widersprechen, lieber Agathon, denn dem Sokrates zu widersprechen ist gar nicht schwierig.

Und dich will ich jetzt in Ruhe lassen. Die Rede über den Eros aber, die ich einst von Diotima, einer Frau aus Mantineia, gehört habe, die hierüber und über vieles andere sehr gut Bescheid wusste – sie erwirkte auch einmal für die Athener durch ein Opfer vor Ausbruch der Seuche einen zehnjährigen Aufschub und sie unterwies auch mich in Liebesdingen –

die Rede also, die jene gehalten hat, will ich euch wiederzugeben versuchen auf der Grundlage dessen, worüber ich und Agathon übereinstimmten, ich selbst für mich allein, so gut ich kann.

Wir müssen also, Agathon, wie du es dargelegt hast, zuerst durchgehen, wer und von welcher Art in etwa Eros ist, und dann seine Werke vornehmen. Es scheint mir nun am leichtesten zu sein, so zu verfahren, wie es einst die Fremde tat, indem sie mich befragte. Denn auch ich hatte ihr etwas in der Art gesagt, was Agathon jetzt zu mir gesagt hat, dass der Eros ein großer Gott sei und dass er zu den Schönen gehöre. Und sie widerlegte mich mit denselben Argumenten wie ich ihn hier, dass er nämlich nach meiner eigenen Argumentation weder schön noch gut sei. Und ich fragte: ›Was willst du damit sagen, Diotima? Ist Eros etwa hässlich und schlecht?‹ Und sie antwortete: ›Willst du nicht den Mund halten! Oder glaubst du, wenn etwas nicht schön ist, es sei notwendig hässlich?‹ – ›Ja, gewiss.‹ – ›Dann auch, wenn etwas nicht klug ist, dumm? Oder hast du nicht bemerkt, dass es etwas zwischen Dummheit und Klugheit gibt?‹ – ›Was denn?‹ – ›Weißt du nicht, dass richtig zu urteilen, ohne Gründe dafür angeben zu können, weder Wissen ist – denn wie könnte eine Sache ohne Grund Wissen sein – noch Unwissenheit; denn wie könnte das, was wirklich Seiendes trifft, Unwissenheit sein? Es ist aber doch wohl die richtige Ansicht solchermaßen zwischen Einsicht und Unwissenheit.‹ – ›Du hast Recht‹, sagte ich. – ›Erzwinge also nicht die Folgerung, dass hässlich sei, was nicht schön ist, und schlecht, was nicht gut ist. Ebenso darfst du auch im Blick auf Eros, da du selbst zugibst, dass er nicht schön und nicht gut ist, deshalb nicht gleich glauben, dass er hässlich und schlecht sein müsse, sondern etwas zwischen diesen beiden‹, sagte sie. ›Und doch‹, entgegnete ich, ›wird von allen zugegeben, dass er ein großer Gott sei.‹ – ›Meinst du, von allen Unwissenden‹, fragte sie, ›oder auch von den Wissenden?‹ – ›Überhaupt von allen.‹ – Und sie lachte und sagte: ›Und wie, mein lieber Sokrates, könnte von denen zugegeben werden, dass er ein großer Gott sei, die sagen, dass er überhaupt kein Gott sei?‹ – ›Wer sind diese?‹, fragte ich. Sie sagte: ›Einer bist du, eine bin ich.‹ – Und ich fragte: ›Wie meinst du das?‹ – Und sie erwiderte: ›Ganz einfach, denn sage mir, ob du nicht meinst, dass alle Götter glücklich und schön sind. Oder könntest du es wagen zu behaupten, einer der Götter sei nicht schön und glücklich?‹ – ›Nein, beim Zeus, ich gewiss nicht!‹ – ›Nennst du also nicht diejenigen glücklich, die das Gute und Schöne besitzen?‹ – ›Doch, sicher.‹ – ›Aber du hast doch zugegeben, dass Eros aus Mangel an Gutem und Schönem genau das begehrt, woran er Mangel hat.‹ – ›Ja, das habe ich zugegeben.‹ – ›Wie könnte also der ein Gott sein, der keinen Anteil am Schönen und Guten hat?‹ – ›Auf keine Weise, wie es scheint.‹ – ›Du siehst also‹, sagte sie, ›dass auch du Eros nicht für einen Gott hältst.‹ – ›Aber was wäre dann Eros‹, fragte ich, ›etwa ein Sterblicher?‹ – ›Das am allerwenigsten.‹ – ›Aber was sonst?‹ – ›Wie vorher gezeigt‹, sagte sie, ›etwas zwischen einem Sterblichen und einem Unsterblichen.‹ – ›Was also, Diotima?‹ – ›Ein großer Dämon, Sokrates, denn alles Dämonische steht zwischen Gott und den Sterblichen.‹ – ›Mit welcher Macht und Fähigkeit ausgestattet?‹, fragte ich. – ›Mit seiner Fähigkeit, auszulegen und den Göttern zu überbringen, was von den Menschen, und den

Menschen, was von den Göttern kommt, von den einen die Gebete und Opfer, von den anderen die Forderungen und Antworten auf die Opfer, füllt das Dämonische, in der Mitte zwischen beiden stehend, den Raum zwischen ihnen aus, sodass das All mit sich selbst verbunden ist. Durch dieses Dämonische hindurch geht auch die gesamte Kunst der Seher und Priester, was die Opfer, die Weihen, die Zaubersprüche und die gesamte Wahrsagekunst und Magie betrifft. Ein Gott hat mit einem Menschen keinen direkten Kontakt, sondern durch Vermittlung dieses Dämonischen vollzieht sich jeder Umgang und jedes Gespräch der Götter mit den Menschen, sowohl wenn sie wach sind als auch wenn sie schlafen. Und wer in diesen Dingen Bescheid weiß, ist ein von diesem Dämonischen erfüllter Mann, wer sich aber in etwas anderem auskennt, sei es irgendeine Kunst oder ein Handwerk, ist ein gewöhnlicher Mann. Diese Dämonen sind nun zahlreich und vielfältig, und einer von ihnen ist Eros.‹

›Wer aber ist sein Vater und wer seine Mutter?‹, fragte ich. – ›Das ist eine längere Geschichte‹, entgegnete sie, ›dennoch will ich sie dir erzählen. Denn als Aphrodite geboren war, feierten die Götter ein Festmahl und unter ihnen war auch Poros, der Sohn der Metis. Als sie aber gespeist hatten, kam Penia, um sich etwas zu erbetteln, da es ja ein Festschmaus war, und hielt sich vor der Tür auf. Da ging Poros, vom Nektar berauscht (denn Wein gab es noch nicht), in den Garten des Zeus und schlief dort seinen Rausch aus. Penia nun, die wegen ihrer eigenen Bedürftigkeit darauf sann, sich ein Kind von Poros machen zu lassen, legte sich zu ihm und empfing den Eros. Deshalb also wurde Eros ein Begleiter und Diener der Aphrodite, weil er an ihrem Geburtstag gezeugt wurde und von Natur aus ein Liebhaber des Schönen ist und Aphrodite ja schön ist. Da also Eros ein Sohn des Poros und der Penia ist, wurde ihm folgendes Los zuteil: Zuerst ist er immer arm und beileibe nicht zart und schön, wie die meisten glauben, sondern rau, ungepflegt, barfuß und ohne Wohnung, immer auf dem Boden liegend und ohne Decken vor Türen und an Wegen unter freiem Himmel schlafend; der Natur seiner Mutter nach ist er stets ein Gefährte der Bedürftigkeit. Vom Vater her andererseits kommt es, dass er den Schönen und Guten nachstellt und tapfer, verwegen und energisch ist, ein gewaltiger Jäger, immer irgendwelche Kniffe ins Werk setzend, begierig nach Einsicht und erfinderisch, sein Leben lang die Weisheit liebend, ein mächtiger Gaukler, Zauberer und Sophist. Und weder ist er von Natur aus unsterblich noch sterblich, sondern bald blüht und lebt er an ein und demselben Tag auf, wenn er Erfolg hat, bald stirbt er dahin, lebt aber wieder auf wegen der Natur seines Vaters; was er aber gewinnt, verrinnt ihm wieder, sodass Eros weder jemals Mangel leidet noch reich ist und auch zwischen Wissen und Unwissenheit in der Mitte steht. Es verhält sich nämlich folgendermaßen: Von den Göttern verlangt niemand nach Weisheit und keiner begehrt, weise zu werden – er ist es ja schon –, und auch sonst verlangt jemand, wenn er schon weise ist, nicht nach Weisheit. Andererseits verlangen auch die Unwissenden nicht nach Weisheit und begehren nicht, weise zu werden, denn genau das ist das Problem mit der Unwissenheit, dass einer, auch wenn er nicht schön, gut und verständig ist, mit sich selbst ganz zufrieden zu sein scheint. Deshalb begehrt derjenige, der nicht glaubt, bedürftig zu sein, nicht das, dessen er nicht zu bedürfen meint.‹ – ›Wer sind denn, Diotima‹, fragte ich, ›überhaupt jene, die nach Weisheit verlangen, wenn es weder die Wissenden noch die Unwissenden sind?‹ – Sie erwiderte: ›Das ist doch wirklich schon einem Kind völlig klar, dass es diejenigen zwischen diesen beiden Seiten sind, zu denen wohl auch Eros gehört. Denn die Weisheit gehört ja zum Allerschönsten, Eros aber ist das Verlangen nach dem Schönen, sodass Eros notwendigerweise nach der Weisheit verlangt und als einer, der nach der Weisheit verlangt, in der Mitte zwischen einem Wissenden und Unwissenden steht. Ursache auch dafür ist seine Herkunft; denn er stammt von einem wissenden und einfallsreichen Vater und von einer unwissenden und einfallslosen Mutter. Wofür du aber Eros gehalten hast, das ist keine erstaunliche Auffassung. Du glaubtest aber, wie mir scheint, wenn ich es aus dem, was du sagst, erschließe, dass Eros das Geliebte sei, nicht das Liebende. Deswegen, meine ich, erschien dir Eros wunderschön; denn das Geliebte ist das wahrhaft Schöne, Anmutige, Vollendete und selig zu Preisende, das Liebende aber ist mit einer anderen Gestalt von der Art versehen, wie ich sie vorgeführt habe.‹ – Und ich sagte: ›So sei es, liebe Gastfreundin, das hast du schön gesagt. Wenn Eros aber von dieser Art ist, welchen Nutzen hat er für die Menschen?‹ – Diotima darauf: ›Genau dies, lieber Sokrates, will ich dich gleich zu lehren versuchen. Eros ist nun also so geartet und entstanden, und er ist auf das Schöne aus, wie du sagst. Wenn uns aber jemand fragte: Auf welche Weise ist er auf das Schöne aus, Sokrates und Diotima? Oder noch deutlicher: Es begehrt der Begehrende das Schöne, in welcher Hinsicht begehrt er es?‹ – Und ich antwortete:

›In der Hinsicht, dass er es bekomme.‹ – Sie darauf: ›Aber die Antwort verlangt noch eine Frage folgender Art: Was wird jener besitzen, der das Schöne bekommen hat?‹ – Ich meinte, dass ich auf diese Frage wirklich keine Antwort mehr hätte. – Sie dann: ›Aber wenn einer zum Beispiel, indem er an Stelle des Schönen das Gute einsetzte, fragen würde: Wohlan Sokrates, es begehrt der Begehrende das Gute, in welcher Hinsicht begehrt er es?‹ – ›In der Hinsicht, dass er es bekomme‹, erwiderte ich. – ›Und was wird jener haben, der das Gute bekommen hat?‹ – ›Das kann ich leichter beantworten‹, sagte ich, ›dass er glücklich sein wird‹. – Sie sagte: ›Durch den Besitz des Guten nämlich sind die Glücklichen glücklich, und man braucht nicht mehr zu fragen: Weswegen will derjenige, der es will, glücklich sein. Vielmehr scheint die Antwort ihr Ziel erreicht zu haben.‹ – ›Du hast Recht‹, erwiderte ich. – ›Glaubst du nun, dass dieser Wunsch und dieses Verlangen allen Menschen gemeinsam ist und dass alle immer das Gute besitzen wollen, oder wie meinst du das?‹ – ›Genau so‹, erwiderte ich, ›dass es allen gemeinsam ist.‹ – ›Weshalb nun, Sokrates‹, fragte sie, ›sagen wir nicht, dass alle begehren, wenn doch alle dasselbe begehren, und das immer, sondern sagen, dass manche begehren, andere aber nicht?‹ – ›Ich wundere mich auch selbst‹, antwortete ich. – ›Aber nein, wundere dich nicht‹, sagte sie. ›Wir benennen nämlich hier nur eine Form des Begehrens, die wir herausgegriffen haben, indem wir ihr die Bezeichnung des Ganzen zuweisen, nämlich Begehren, für die anderen Formen verwenden wir andere Bezeichnungen.‹ – ›Wie zum Beispiel was?‹, fragte ich. – ›Du weißt, dass *poíesis* (»Schaffen«) vielerlei Bedeutungen hat; denn jedes beliebige Schaffen ist doch die Ursache, wenn irgendetwas aus dem Nichtsein in das Sein eintritt, sodass auch die Hervorbringungen in allen Künsten und Handwerken schöpferische Akte sind und alle Meister darin »Poeten«, also Schöpfer.‹ – ›Du hast Recht.‹ – ›Aber dennoch‹, sagte sie, ›weißt du, dass diese nicht »Poeten« genannt werden, sondern andere Bezeichnungen haben und dass von dem gesamten Bereich des Schaffens ein einziger abgegrenzter Teil, der sich mit Musik und Versen beschäftigt, mit dem Namen für das Ganze bezeichnet wird; denn dies allein wird »Poesie« genannt und diejenigen, die sich mit diesem Teil des Schaffens befassen, »Poeten«.‹ – ›Richtig‹, sagte ich. – ›Und genau so verhält es sich auch mit dem Begehren. Allgemein gesprochen ist ein jedes Verlangen nach Gütern und dem Glücklichsein für einen jeden das größte und am meisten herausragende. Aber von denjenigen, die sich auf vielerlei andere Art diesem Verlangen zuwenden, sei es im Gelderwerb, in der Liebe zum Sport oder in der Philosophie, sagt man weder, dass sie »lieben« noch dass sie »Liebhaber« sind, diejenigen aber, die auf eine bestimmte Weise verfahren und all ihren Eifer aufwenden, die tragen die Bezeichnung des Ganzen und bei denen spricht man von »Liebe«, »lieben« und »Liebhabern«.‹ – ›Du hast wohl Recht‹, sagte ich. Sie fuhr fort: ›Und es wird ja so eine Geschichte erzählt, dass diejenigen lieben, die ihre andere Hälfte suchen. Meine Geschichte aber besagt, dass die Liebe weder auf ein Halbes noch auf ein Ganzes aus ist, wenn es nicht auch in irgendeiner Weise gut ist, dass die Menschen bereit sind, sich ihre Hände und Füße abschneiden zu lassen, wenn ihnen ihre eigenen Gliedmaßen schädlich zu sein scheinen; denn nicht das Eigene schätzt ein jeder hoch, glaube ich, es sei denn, dass einer das Gute sein eigen und seinen Besitz nennt, das Schlechte aber etwas Fremdes. Nichts anderes nämlich ist es, was die Menschen lieben als das Gute, oder bist du anderer Ansicht?‹ – ›Nein, beim Zeus, das bin ich nicht‹, sagte ich. Und sie: ›Kann man nun so einfach behaupten, dass die Menschen das Gute lieben?‹ – ›Ja‹, erwiderte ich. – ›Was aber weiter?‹, fragte sie. ›Müssen wir nicht hinzufügen, dass sie auch lieben, dass das Gute ihnen gehört?‹ – ›Man muss es hinzufügen.‹ – ›Und weiter‹, sagte sie, ›nicht nur, dass es ihnen gehört, sondern dass es ihnen immer gehört?‹ – ›Auch das muss man hinzufügen.‹ – ›Zusammengefasst ist also die Liebe darauf aus‹, sagte sie, ›das Gute für immer zu besitzen.‹ – ›Da hast du völlig Recht‹, sagte ich.

›Da die Liebe also immer so ist‹, sagte sie, ›wie und auf welche praktische Weise soll man das Gute verfolgen, sodass die Bemühung und Anstrengung Liebe genannt wird? Was ist das für eine Tätigkeit, kannst du es sagen?‹ – Ich erwiderte: ›Dann würde ich doch nicht, liebe Diotima, dich wegen deiner Weisheit bewundern und regelmäßig zu dir kommen, um eben dies zu lernen.‹ – ›Also gut, ich will es dir sagen‹, entgegnete sie. ›Dies nämlich ist die Geburt im Schönen – sowohl im Körperlichen als auch im Seelischen.‹ – ›Es bedarf der Sehergabe, um zu verstehen, was du eigentlich meinst – ich verstehe es jedenfalls nicht‹, erwiderte ich. – ›Also gut‹, sagte sie, ›ich will es deutlicher sagen: Es gehen nämlich alle Menschen sowohl im Hinblick auf den Körper als auch auf die Seele schwanger, und wenn sie ein bestimmtes Alter erreicht haben, verlangt unsere Natur danach zu gebären. Im Hässlichen aber vermag sie nicht zu gebären, sondern nur im Schönen;

denn die Verbindung von Mann und Frau ist ein Zeugungsakt. Dies aber ist göttlich und wohnt dem sterblichen Lebewesen als Unsterbliches inne, die Zeugung und die Geburt. Es ist aber nicht möglich, dass dies im Unpassenden geschieht, unpassend aber ist das Hässliche im Verhältnis zu allem Göttlichen, das Schöne aber passend. Göttin des Schicksals und der Geburtshilfe ist also die Schönheit für die Geburt. Wenn deshalb das Schwangere einem Schönen begegnet, wird es sanft und zerfließt schier vor Freude und bringt hervor und gebärt; wenn es aber einem Hässlichen begegnet, dann zieht es sich mit finsterem Blick und voll Trauer zusammen, wendet sich ab, zieht sich zurück und gebärt nicht, sondern trägt schwer an seiner Leibesfrucht. Daher entsteht beim Schwangeren und schon Übervollen große Erregung beim Anblick des Schönen, weil es den in Geburtswehen Liegenden von großen Schmerzen befreit. Denn die Liebe trachtet nicht nach dem Schönen, wie du glaubst, Sokrates.‹ – ›Aber wonach denn sonst?‹ – ›Nach der Geburt und der Hervorbringung im Schönen.‹ – ›Es sei so‹, sagte ich. – ›Ganz gewiss ist es so‹, sagte sie. ›Warum also nun nach der Geburt? Weil die Geburt etwas Fortdauerndes und Unsterbliches ist, jedenfalls für einen Sterblichen. Es ist aber notwendig aufgrund dessen, worin wir übereinstimmten, Unsterblichkeit in Verbindung mit dem Guten zu begehren, wenn denn Liebe danach strebt, immer im Besitz des Guten zu sein. Notwendig ergibt sich also aus dieser Überlegung, dass die Liebe auch nach der Unsterblichkeit strebt.‹

Dies alles nun lehrte sie mich, sooft sie Gespräche über das, was zur Liebe gehört, führte. Und einmal fragte sie mich: ›Was glaubst du, Sokrates, ist die Ursache dieser Liebe und dieses Verlangens? Oder ist dir nicht gegenwärtig, in was für einer gewaltigen Erregung alle Tiere sind, wenn sie zu zeugen begehren, die Landtiere genauso wie die Vögel, und wie sie alle geradezu krank und von Verlangen erfüllt sind, zuerst danach, sich zu vereinigen, dann danach, ihre Brut aufzuziehen, und wie sie bereit sind, für ihre Jungen bis zum Letzten zu kämpfen, auch die Schwächsten mit den Stärksten, und sogar für sie zu sterben. Und wie sie selbst sich vom Hunger quälen lassen, um jene zu ernähren, und alles andere Erdenkliche für sie tun. Bei den Menschen könnte einer ja glauben, dass sie das aufgrund rationaler Überlegung tun, aber bei den Tieren, was ist da die Ursache, dass sie so von Verlangen erfüllt sind – kannst du es sagen?‹ – Und wieder sagte ich, dass ich es nicht wüsste. – ›Denkst du denn jemals, sachkundig in den Belangen der Liebe zu werden, wenn du das nicht begreifst?‹ – ›Aber genau deshalb, Diotima, bin ich doch, wie ich eben erst sagte, zu dir gekommen, weil ich erkannt habe, dass ich Lehrer brauche. Sage mir also den Grund dafür und für alles andere, was mit der Liebe zu tun hat!‹ – ›Wenn du also der festen Überzeugung bist‹, sagte sie, ›dass die Liebe von Natur aus nach dem strebt, worüber wir schon oft Übereinstimmung erzielt haben, wundere dich nicht! Denn im Tierreich trachtet die sterbliche Natur nach demselben Prinzip wie bei jenem danach, so gut es geht, ewig zu sein und unsterblich. Sie vermag das aber nur auf diese eine Weise, durch Geburt, indem sie immer ein anderes Junges an Stelle des Alten hinterlässt. Denn auch von jedem einzelnen Lebewesen sagt man, es lebe und sei dasselbe, so wie einer auch von Kindheit an bis ins Greisenalter als derselbe bezeichnet wird. Dabei wird dieser doch derselbe genannt, obwohl er niemals unveränderlich dasselbe in sich hat, sondern immer erneuert wird und manches verliert, ob es sich nun um Haare, Fleisch, Knochen, Blut oder den ganzen Körper handelt. Und nicht nur im Bereich des Körpers, sondern auch, was die Seele angeht: der Charakter, die Gewohnheiten, Meinungen, Begierden, Freuden, Kümmernisse, Ängste, jedes Einzelne von diesen bleibt niemals dasselbe in einem jeden, sondern das Eine entsteht, das Andere vergeht. Noch viel merkwürdiger als dies ist aber, dass auch das Wissen generell in uns nicht nur teils entsteht, teils vergeht und dass wir niemals dieselben hinsichtlich unseres Wissens sind, sondern dass auch jedem einzelnen Wissen dasselbe widerfährt. Denn das, was Übung genannt wird, gibt es, weil das Wissen verschwindet, ist doch Vergessen ein Verschwinden des Wissens, Übung aber bewahrt das Wissen, indem sie immer wieder eine neue Erinnerung an Stelle der schwindenden vermittelt, sodass es dasselbe zu sein scheint. Genau auf diese Art wird alles Sterbliche erhalten, nicht dadurch, dass es vollständig immer dasselbe bleibt wie das Göttliche, sondern dadurch, dass das Schwindende und Alternde ein anderes Neues von der Art, wie es selbst war, hinterlässt. Durch dieses Mittel, Sokrates, hat das Sterbliche Anteil an der Unsterblichkeit – sowohl der Körper als auch alles andere, das Unsterbliche aber auf andere Art. Wundere dich also nicht, wenn ein jedes Lebewesen von Natur aus seinen Sprössling in Ehren hält; denn um der Unsterblichkeit willen begleitet einen jeden dieses Bestreben und Verlangen.‹

Und als ich diese Rede gehört hatte, staunte ich und sagte: ›Na ja, weiseste Diotima, verhält sich das wirklich so?‹ – Und sie erwiderte nach Art der vollendeten Sophisten: ›Da kannst du ganz sicher sein, Sokrates; denn wenn du dich darauf einlässt, deinen Blick auch auf die Ehrliebe der Menschen zu lenken, dürftest du dich über ihre Unvernunft wundern, wenn du dir nicht vor Augen führst, was ich gesagt habe, indem du bedenkst, von was für einem gewaltigen Drang sie erfüllt sind, sich einen Namen zu machen und *sich unsterblichen Ruhm für alle Zeit zu erwerben* und wie sie bereit sind, dafür alle Gefahren auf sich zu nehmen, mehr noch als für ihre Kinder, und Geld zu opfern, jede Art von Strapazen zu ertragen und sogar dafür zu sterben. Denn glaubst du, dass Alkestis für Admet gestorben oder Achilleus dem Patroklos nachgestorben oder euer Kodros für die Königsherrschaft seiner Kinder vorgestorben wäre, wenn sie nicht geglaubt hätten, dass das Andenken an sie wegen ihrer edlen Tat, das wir jetzt ja auch wirklich haben, unvergänglich sein würde? Weit gefehlt, sondern ich glaube, dass für unvergängliche edle Taten und einen derartig glänzenden Nachruhm alle alles tun, und zwar umso mehr, je besser sie sind; denn sie lieben das Unsterbliche. Diejenigen, die von einem körperlichen Zeugungstrieb erfüllt sind, wenden sich mehr den Frauen zu und sind von dieser Art von Liebe durchdrungen, weil sie sich durch Kinderzeugung Unsterblichkeit, Andenken und Glück, wie sie glauben, für alle künftige Zeit verschaffen. Diejenigen aber, die in der Seele zeugen wollen – es gibt ja auch Leute, die in ihren Seelen einen noch stärkeren Zeugungstrieb haben als in ihren Körpern, und zwar nach dem, womit schwanger zu gehen und was zu gebären Aufgabe der Seele ist. Was kommt ihr nun zu? Vernünftige Einsicht und jede andere Form

Platon. Antike Porträtbüste

von Tugend, wovon natürlich sowohl alle Dichter Erzeuger sind als auch alle Meister in Kunst und Handwerk, die man erfinderisch nennt. Die bei weitem bedeutendste und schönste Form der vernünftigen Einsicht ist diejenige Ordnung der Städte und Häuser, die den Namen Besonnenheit und Gerechtigkeit trägt.

Wenn nun einer von diesen von Jugend an den Zeugungstrieb in seiner Seele trägt, dann hat er als junger Mann, wenn die Zeit gekommen ist, sogleich das Verlangen zu zeugen und zu gebären und sucht dann natürlich, wie ich glaube, indem er herumgeht, das Schöne, in dem er zeugen könnte; denn im Hässlichen wird er niemals zeugen. Die schönen Körper aber heißt er mehr willkommen als die hässlichen, da er ja zeugen will, und wenn er auf eine schöne, edle Seele mit guten Anlagen trifft, heißt er die Verbindung von beidem besonders willkommen, dann fallen ihm für diesen Menschen sofort passende Worte über die Tugend ein und darüber, wie der tüchtige Mann beschaffen sein und womit er sich befassen soll, und er macht sich daran, ihn zu erziehen. Denn durch die Berührung des Schönen, glaube ich, und im Umgang mit ihm erzeugt und gebärt er, was er schon längst erzeugen wollte, und in Anwesenheit und Abwesenheit an ihn denkend, zieht er den Sprössling gemeinsam mit jenem auf, sodass derartige Leute eine viel engere Gemeinschaft miteinander haben als es bei leiblichen Kindern der Fall ist, und eine festere Freundschaft sie verbindet, da sie gemeinsam schönere und unsterblichere Kinder haben. Und jeder würde sich wünschen, dass ihm eher solche Kinder geboren werden als die leiblichen, indem er voller Eifer auf Homer und Hesiod und die anderen vortrefflichen Dichter blickt, was für eigene Nachkommen sie hinterlassen haben, die ihnen unsterblichen Ruhm und ewiges Andenken gewähren, da sie selbst so unvergänglich sind. Oder wenn du ein anderes Beispiel willst, betrachte, was für Kinder Lykurg in Sparta als Retter Spartas und sozusagen ganz Griechenlands hinterlassen hat. Geehrt wird bei euch aber auch Solon wegen der Gesetze, die er hervorbrachte, und andere Männer an vielen Orten anderswo sowohl bei den Griechen als auch bei den Barbaren, weil sie viele schöne Werke aufzuweisen hatten, indem sie mannigfaltige herausragende Leistungen zustande brachten. Für sie gibt es auch schon viele Gedenkstätten wegen solcher geistigen Kinder, wegen der leiblichen Kinder aber noch für keinen.

In diese Mysterien der Liebe könntest vielleicht sogar du eingeweiht werden, mein Sokrates, was aber die vollkommenen und höchsten Weihen angeht, um dessentwillen es auch diese gibt, wenn jemand sich richtig damit befasst, so weiß ich nicht, ob du dazu wohl imstande wärst. Dennoch will ich dies darlegen und es nicht an Eifer fehlen lassen. Versuche aber zu folgen, wenn du dazu imstande bist. Es muss nämlich derjenige, der richtig an diese Sache herangeht, solange er jung ist, anfangen, den schönen Körpern nachzugehen, und muss zuerst, wenn derjenige, der ihn führt, ihn richtig leitet, einen einzigen schönen Körper lieben und im Umgang mit ihm schöne Gespräche hervorbringen, dann aber erkennen, dass die Schönheit bei jedem beliebigen Körper mit der bei jedem anderen Körper eng verwandt ist, und dass, wenn man dem Schönen in seiner wahren Gestalt nachgehen soll, es große Unvernunft wäre, die Schönheit bei allen Körpern nicht für ein und dieselbe zu halten. Wenn er dies aber erkannt hat, muss er als Liebhaber aller schönen Körper auftreten und in seiner heftigen Leidenschaft zu einem einzelnen Körper nachlassen, indem er beginnt, diese Form des Begehrens zu verachten und für geringfügig zu halten. Danach aber muss er anfangen, die Schönheit in den Seelen für etwas Wertvolleres zu halten als die Schönheit in den Körpern, sodass auch, wenn einer, dessen Seele wohlgeartet ist, nur wenig körperliche Schönheit besitzt, ihm das genügt, er ihn liebt, sich um ihn kümmert und solche Gespräche hervorbringt, die junge Menschen besser machen können, und beharrlich danach sucht. Auf diese Weise soll er dazu gebracht werden, das Schöne in den Tätigkeiten, Sitten und Gesetzen zu erblicken und zu sehen, dass jedes einzelne Schöne mit jedem anderen verwandt ist, um zu der Überzeugung zu gelangen, dass die körperliche Schönheit etwas Unbedeutendes ist. Nach den Tätigkeiten aber soll man ihn zu den Erkenntnissen führen, damit er auch deren Schönheit sieht und er nunmehr auf das Schöne in seiner Vielheit und nicht mehr auf das Schöne bei einem Einzelnen blickt. Dadurch gelangt er nicht, indem er wie ein Sklave die Schönheit eines Knäbleins oder eines beliebigen Menschen oder einer einzelnen Tätigkeit hochschätzt, zu einer nichtsnutzigen und kleinkarierten Sklavengesinnung, sondern wendet sich dem weiten Meer des Schönen zu, betrachtet es und gebärt so viele schöne und prächtige Worte und Gedanken in unerschöpflichem Streben nach Weisheit, bis er, hierin gestärkt und gewachsen, eine bestimmte Erkenntnis erblickt, welche die Erkenntnis eines Schönen von folgender Art ist. Versuche nun, mir so gut wie möglich zu folgen. Wer nämlich bis zu diesem Punkt in dem, was die Liebe betrifft, ausgebildet worden ist, indem er Schritt für Schritt und in der richtigen Weise das Schöne betrachtet hat, der wird, wenn er jetzt zum Ziel der Liebeslehre gelangt, plötzlich ein seiner Natur nach wunderbar Schönes erblicken, genau jenes nämlich, Sokrates, das der Grund der ganzen vorherigen Mühen war, etwas Schönes, das erstens ewig ist und weder entsteht noch vergeht, weder wächst noch schwindet, und das zweitens nicht auf die eine Art schön, auf die andere hässlich ist und nicht bald schön, bald nicht schön und nicht im Verhältnis zu dem einen schön, im Verhältnis zu dem anderen hässlich und nicht hier schön, dort hässlich, als ob es für manche Leute schön, für manchen anderen aber hässlich wäre. Auch wird ihm das Schöne nicht als Gesicht und nicht als Hände und nicht als irgendetwas anderes, was zu einem Körper gehört, erscheinen, auch nicht als irgendein Gedanke oder irgendeine Erkenntnis und nicht als etwas, das in irgendeiner Weise in einem anderen ist, wie zum Beispiel in einem Lebewesen oder auf der Erde oder am Himmel oder in irgendetwas anderem, sondern als ein für sich Seiendes in einer unveränderlichen, immer mit sich selbst identischen Gestalt, alles andere Schöne aber wird sich als etwas zeigen, das an jenem Anteil hat, und zwar auf eine solche Art, dass, während das andere entsteht und vergeht, jenes weder auf irgendeine Weise mehr oder weniger wird, noch ihm sonst irgendetwas widerfährt. Wenn also einer von diesem vielfältigen Schönen, mit Hilfe der richtigen Liebe zu Knaben hinaufsteigend, sich anschickt, jenes Schöne anzuschauen, dann dürfte er das Ziel fast erreichen. Das ist nämlich die richtige Art, sich dem Bereich der Liebe zu nähern oder sich von einem anderen dorthin führen zu lassen: Beginnend mit dem vielfältigen Schönen hier, soll man um jenes Schönen willen immer weiter emporsteigen wie auf einer Leiter, von einem schönen Körper zu zweien, von zweien zur Gesamtheit der schönen Körper, von den schönen Körpern zu den schönen Tätigkeiten und von den Tätigkeiten zu den Kenntnissen, um schließlich zu jener zu gelangen, welche die Kenntnis keines anderen als jenes Schönen selbst ist, damit er am Ende einsieht, was das Schöne selbst ist. An diesem Punkt des Lebens, mein lieber Sokrates, wenn überhaupt irgendwo, ist das Leben für den Menschen lebenswert, in der Schau des Schönen selbst. Wenn du dies einmal erblickst, dann wird es dir nicht mehr scheinen, es sei etwas wie Gold, ob es sich nun um Kleidung oder schöne Knaben und Jünglinge handelt, bei deren Anblick du jetzt hingerissen bist und wie viele andere bereit, nur um den Liebling zu sehen und möglichst immer bei ihm zu sein, weder zu essen noch zu trinken, sondern ihn nur anzuschauen und dich immer seiner Gesellschaft zu erfreuen. Was stellen wir uns erst vor, wenn es einem widerfahren sollte, das Schöne selbst zu schauen, rein, lauter und unvermischt, nicht aber angefüllt mit menschlichem Fleisch und Farben und vielem anderen vergänglichen Zeug, sondern wenn er das göttliche Schöne selbst in seiner eingestaltigen Form sehen könnte? Oder glaubst du, das Leben eines Menschen sei schlecht, wenn er dorthin blickt und jenes mit dem anschaut, womit er es anschauen soll, und mit ihm vereint ist? Oder bist du nicht der Ansicht, dass es ihm allein dort, da ja er das Schöne mit dem anschaut, womit es anzuschauen ist, zuteil werden wird, nicht bloß Schattenbilder der Tüchtigkeit hervorzubringen, ist er doch nicht mit einem Schattenbild in Berührung, sondern mit Wahrem, da er Wahres berührt. Wenn er aber wahre Tugend hervorgebracht und herausgebildet hat, dann verdient er es, von den Göttern geliebt zu werden, und, wenn dies überhaupt einem der Menschen zuteil werden kann, unsterblich zu werden.‹

Dies also, lieber Phaidros und ihr anderen, war das, was Diotima sagte, und mich hat sie überzeugt. Weil ich aber selbst überzeugt bin, versuche ich auch die anderen zu überzeugen, dass einer wohl nicht leicht einen besseren Helfer zum Erwerb dieses Besitzes für die menschliche Natur finden könnte als Eros. Deshalb behaupte ich meinerseits, dass ein jeder Mann den Eros ehren muss, und ich selbst ehre das, was zur Liebe gehört, übe mich ganz besonders hierin, fordere auch die anderen dazu auf und preise jetzt und in Zukunft die Macht und den Wagemut des Eros, soweit ich dazu in der Lage bin. Nimm an, lieber Phaidros, dass diese Rede, wenn du willst, als Lobpreis auf den Eros gelten mag, wenn aber nicht, so nenne sie, womit und wie sie zu benennen du Freude hast.«

Das Gastmahl 201c–212c

IV

Varia Variorum

Alter

... ich glaube, mir ist ähnlich zumute wie dem Pferd des Ibykos, mit dem sich dieser verglich. Wie das Rennpferd, das schon älter war, bei einem bevorstehenden Wettrennen aus Erfahrung vor dem, was es zu erwarten hatte, zitterte, so werde er auch selber, sagte Ibykos, gegen seinen Willen und in einem so hohen Alter gezwungen, die Bahn der Liebe zu betreten. Und so habe auch ich, wenn ich nur daran denke, große Furcht, wie ich wohl in einem solchen Alter ein derartiges riesiges Meer von Untersuchungen durchschwimmen soll. Dennoch aber muß ich euch wohl diesen Gefallen tun, zumal wir ja auch, wie Zenon sagte, unter uns sind. *Parmenides* 137a

... als du nicht glaubst, dass sie [die Schrift] aus Streitsucht eines Jüngeren geschrieben worden ist, sondern aus Ruhmsucht eines Älteren. *Parmenides* 128e

Je mehr mir all die übrigen Freuden im Körper absterben, um so mehr wachsen Lust und Freude an guter Unterhaltung. *Der Staat* 328d

Sokrates, ich habe unter euren Bürgern einen jungen Mann getroffen, der es durchaus wert ist, daß ich von ihm spreche und du von ihm hörst. Wenn er schön wäre, würde ich mich sehr hüten von ihm zu sprechen, um nicht als sein Liebhaber zu erscheinen. Aber – nimm es mir nicht übel – er ist nicht schön, sondern ähnelt dir mit seiner aufgeworfenen Nase und seinen hervortretenden Augen, und dabei sind diese Züge bei ihm weniger ausgeprägt als bei dir. Ich brauche mich also beim Sprechen nicht vorzusehen. Glaub mir, ich bin noch keinem jungen Mann begegnet – und ich war mit sehr vielen zusammen –, an dem ich so erstaunliche Anlagen bemerkt habe. Denn er hat eine Auffassungsgabe wie kaum ein anderer und ist dabei zugleich außerordentlich ruhig, zudem noch unvergleichlich ausdauernd. Eine derartige Verbindung hätte ich nie für möglich gehalten und sehe ich auch sonst nicht verwirklicht. Sondern scharfsinnige Menschen wie er und solche, die schnell etwas begreifen und ein gutes Gedächtnis haben, lassen sich meistens auch schnell zum Zorn hinreißen, stürmen schlingernd wie Schiffe ohne Ballast vorwärts und haben eine eher schwärmerische als beharrliche Art. Die Gesetzteren aber machen sich nur schwerfällig ans Lernen und vergessen gleich wieder alles. Dieser aber geht so leicht, sicher und erfolgreich an das Lernen und Forschen heran, dabei in aller Ruhe, wie ein geräuschlos fließender Ölstrom. Und man kann sich nur wundern, wie er all dies trotz seiner Jugend auf derartige Weise ausführt.

Theätet 143e–144b

Das Denken

SOKRATES. […] Nennst du aber dasselbe »denken« wie ich?
THEÄTET. Was nennst du denn »denken«?
SOKRATES. Ein Gespräch, das die Seele mit sich selbst darüber durchführt, was sie gerade untersucht. Dies erkläre ich jedoch nur, ohne ein Wissen davon zu haben. Denn wenn die Seele nachdenkt, so schwebt mir vor, dann tut sie nichts anderes als einen Dialog führen, indem sie sich selbst fragt und antwortet, bejaht und verneint. Wenn sie dann aber etwas ergründet hat, ob in langsamerer oder schnellerer Vorgehensweise, und bei derselben Behauptung bleibt und keinen Zweifel hat, dann sprechen wir bei ihr von einer Meinung. Daher nenne ich das Meinen ein Reden und die Meinung eine ausgesprochene Rede, jedoch nicht laut zu einem anderen, sondern leise zu sich selbst. *Theätet* 189e–190a

Forschung

Es muß ein Mann guten Mutes sein seiner Seele wegen, der im Leben die andern Lüste, die es mit dem Leibe zu tun haben, und dessen Schmuck und Pflege hat fahren lassen als etwas ihn selbst nicht Angehendes und wodurch er nur Übel ärger zu machen befürchtete, jener Lust hingegen an der Forschung nachgestrebt und seine Seele geschmückt hat nicht mit fremdem, sondern mit dem ihr eigentümlichen Schmuck, Besonnenheit, Gerechtigkeit, Tapferkeit, Edelmut und Wahrheit, so seine Fahrt nach der Unterwelt erwartend, um sie anzutreten, sobald das Schicksal rufen wird. *Phaidon* 114d–115a

Frieden

Wenn du alle wie mich, Sokrates, mit deinen Überlegungen überzeugen könntest, dann gäbe es mehr Frieden und weniger Schlechtes unter den Menschen.

Theätet 176a

Gedächtnis

So stimmt wirklich, was das Sprichwort sagt: Was man als Kind lernt, behält man erstaunlich gut im Gedächtnis. Denn von dem, was ich gestern gehört habe, weiß ich nicht recht, ob ich mir alles wieder ins Gedächtnis zurückrufen könnte. Von dem aber, was ich vor sehr langer Zeit gehört habe, würde es mich sehr wundern, wenn mir davon etwas entfallen sein sollte. Es wurde damals mit großem Vergnügen und kindlicher Freude angehört. *Timaios* 26b

Harmonie

Sobald [die Jungen] die Kithara zu spielen verstehen, lehren sie [die Erzieher] sie Dichtungen anderer tüchtiger Dichter, der Lieddichter, indem sie ihnen Kithara-Melodien unterlegen, und erzwingen, daß die Takte und Harmonien den Seelen der Kinder vertraut werden, damit sie zahmer seien und, wenn sie taktvoller und harmonischer werden, tauglich wären zum Reden und Handeln. Denn das ganze Leben des Menschen bedarf des Taktes und der Harmonie. *Protagoras* 326a–b

SOKRATES. So umfangreich ist also das Tätigkeitsfeld der Hebammen, und doch ist es kleiner als meines. Denn bei den Frauen kommt es nicht vor, daß sie zwar manchmal bloße Trugbilder und manchmal richtige Geburten zutage bringen, dann aber beides nicht leicht zu unterscheiden wäre. Denn käme es doch vor, wäre es die wichtigste und lobenswerteste Aufgabe für die Hebammen, das Echte vom Unechten zu trennen, nicht wahr?
THEÄTET. Allerdings.
SOKRATES. Auf meine Hebammenkunst trifft sonst dasselbe zu wie bei ihnen. Der Unterschied aber liegt darin, daß meine Kunst Männern und nicht Frauen Geburtshilfe leistet und ihre gebärenden Seelen und nicht ihre Körper betrachtet. Das Wichtigste an meiner Kunst ist jedoch die Fähigkeit, mit allen Mitteln zu prüfen, ob die Überlegung des jungen Mannes ein bloßes Trugbild und etwas Falsches herausgebracht hat oder etwas Lebenskräftiges und Wahres. Denn auch hierin trifft auf mich dasselbe wie auf die Hebammen zu: ich bringe keine klugen Gedanken hervor. Und was mir schon viele vorgeworfen haben, daß ich nämlich immer nur die anderen frage, selber aber in keinem Punkt irgend etwas zutage fördere, da ich eben keine Klugheit besäße, so ist dieser Vorwurf berechtigt. Der Grund davon ist folgender: Zum Hebammendienst zwingt mich der Gott, das Gebären dagegen hat er mir vorenthalten. Ich selber bin also überhaupt nicht klug und kann auch keinen Fund als Erzeugnis meiner Seele vorweisen. Dagegen lassen einige von denen, die mit mir zusammen sind, anfangs zwar recht

wenig an Klugheit sehen, aber im Laufe unseres Zusammenseins machen alle, denen es der Gott vergönnt, für sich selbst und auch die anderen überraschende Fortschritte. Und dabei lernen sie offensichtlich nie auch nur irgend etwas bei mir, sondern finden selber viele hervorragende Wahrheiten bei sich heraus und bringen sie hervor. Urheber der Entbindung jedoch sind der Gott und ich. *Theätet* 150a–d

Das Honorar

... wenn nur jemand da ist, der darin ein wenig hervorsticht, uns voranzubringen zur Tüchtigkeit, mag man sich begnügen. Von ihnen allerdings glaube ich einer zu sein, und hervorstechend unter den übrigen Menschen manchen darin zu fördern, glänzend und tüchtig zu werden, und zwar des Honorars wert, das ich fordere, sogar eines noch größeren, so daß es dem schon selbst einleuchten kann, der gelernt hat. Deshalb habe ich auch die Verfahrensweise bei der Forderung meines Honorars folgendermaßen festgesetzt: Sobald einer von mir gelernt hat, und er will, so bezahlt er schon, was ich fordere an Geld; wenn nicht, so geht er in den Tempel, schwört, für wieviel wert er die Kenntnisse hält, und hinterlegt nur soviel. *Protagoras* 328a–c

Das Kind in uns

Dennoch scheint ihr, du und Simmias [...], euch zu fürchten wie die Kinder, daß nicht gar buchstäblich der Wind sie [die Seele], wenn sie aus dem Leibe herausfährt, auseinanderwehe und zerstäube, zumal wenn einer nicht etwa bei Windstille, sondern in recht tüchtigem Sturmwinde stirbt. – Da sagte Kebes lächelnd: So tue denn so, als fürchteten wir uns, und versuche, uns zu überreden. Lieber jedoch nicht, als ob wir selbst uns fürchteten, aber vielleicht ist auch in uns ein Kind, welches dergleichen fürchtet. Dieses also wollen wir versuchen zu überzeugen, daß es den Tod nicht fürchten müsse wie ein Gespenst. *Phaidon* 77d–e

Leben

SOKRATES. Gut – wenn wir dasjenige, das vom Gesunden gebessert, vom Kranken jedoch ruiniert wird, zugrunde richten, indem wir nicht die Meinung der Sachverständigen befolgen, lohnt es sich für uns dann noch zu leben, wenn es erst ruiniert ist? Das ist doch wohl der Körper – oder nicht?
KRITON. Ja.
SOKRATES. Und lohnt es sich noch für uns noch zu leben: mit einem elenden und ruinierten Körper?
KRITON. Keinesfalls.
SOKRATES. Lohnt es sich nun noch zu leben, wenn das ruiniert ist, dem das Ungerechte Schande antut und das Gerechte nützt? Oder halten wir das für geringwertiger als den Körper, was für ein Teil von uns das auch sein mag, zu dessen Bereich die Ungerechtigkeit und die Gerechtigkeit gehören?
KRITON. Keinesfalls.
SOKRATES. Sondern für wertvoller?
KRITON. Bei weitem.
SOKRATES. Folglich, mein Bester, haben wir uns durch-

aus nicht so sehr um die Menge zu kümmern, was sie von uns sagen wird, sondern vielmehr um den Sachverständigen für das Gerechte und das Ungerechte, um den einen und um die Wahrheit selber [...].
Prüfe nun auch den folgenden [Satz], ob er uns noch bestehen bleibt oder nicht: daß man nicht einfach dem Leben den größten Wert beimessen soll, sondern dem Recht-Leben.
KRITON. Ja, der bleibt bestehen. *Kriton* 47d

SOKRATES. Man darf also kein Unrecht vergelten noch einem Menschen Böses tun, und wenn man noch so schwer von ihm zu leiden hatte. Und sieh dich vor, Kriton: wenn du hierin mit mir übereinstimmst, dann darfst du das nicht gegen deine Überzeugung tun; denn ich weiß, daß nur wenige hiervon überzeugt sind, jetzt und in Zukunft. Zwischen denen aber, die diese Überzeugung haben, und denen, die sie nicht haben, gibt es keine Gemeinsamkeit des Standpunktes, und mit Notwendigkeit verachten sie einander, wenn sie ihre beiderseitigen Standpunkte betrachten. Sieh also ganz genau zu, ob du hier mitmachen kannst und derselben Meinung bist wie ich und wir bei unserer Beratung davon ausgehen dürfen, daß es niemals richtig ist, Unrecht zu tun oder Unrecht zu vergelten oder sich, wenn man Böses erlitten hat, zur Wehr zu setzen, indem man selbst wieder Böses tut [...].
KRITON. Ich halte daran fest und bin derselben Meinung wie du. Fahre fort! *Kriton* 49c-e

… das Menschengeschlecht hätte, wenn es einen fleischigen, sehnigen und starken Kopf auf seinem Körper trüge, ein doppelt und vielfach so langes gesünderes und schmerzfreieres Leben als jetzt erworben. Nun aber waren die Werkmeister unserer Erschaffung, als sie überlegten, ob sie ein schlechteres langlebigeres oder ein besseres kurzlebigeres Geschlecht bilden sollten, gemeinsam der Ansicht, dass dem längeren aber schlechteren Leben das kürzere bessere unter allen Umständen vorzuziehen sei. Daher bedeckten sie den Kopf zwar mit einer dünnen Knochenschicht, aber nicht mit Fleisch und Sehnen, da er ja auch keine Gelenke hatte. Aus all diesen Erwägungen nun wurde dem Körper eines jeden Menschen ein Kopf hinzugefügt, der zwar mit besserer Wahrnehmung begabt und vernünftiger, aber weit schwächer ist. *Timaios* 75b–c

Die Funktionsweise unseres Mundes gestalteten die Bildner so, wie er jetzt angeordnet ist, mit Zähnen, Zunge und Lippen um des Notwendigen und des Besten willen, wobei sie den Eingang um des Notwendigen willen ersannen, den Ausgang des Besten wegen; denn notwendig ist alles, was hineinkommt und dem Körper Nahrung gibt, der Strom der Worte aber, der nach draußen fließt und der Vernunft dient, ist der schönste und beste aller Ströme. *Timaios* 75d–e

Was nun Lust und Schmerz betrifft, muss man folgende Überlegung anstellen: Der Eindruck, der widernatürlich und gewaltsam mit Wucht in uns entsteht, ist schmerzhaft, der aber, der wieder mit Wucht in den natürlichen Zustand zurückkehrt, ist angenehm, der wiederum, der ruhig und schwach ist, ist nicht wahrnehmbar – mit dem diesen Entgegengesetzten verhält es sich umgekehrt. Das aber, was ohne Heftigkeit geschieht, ist insgesamt besonders gut wahrnehmbar, hat aber keinen Anteil an Schmerz und Lust, wie zum Beispiel die Empfindungen, die den Sehsinn selbst betreffen, der, wie vorher gesagt wurde, bei Tage ein mit uns zusammengehöriger Körper ist. Denn auf diese Weise bewirken Schnitte und Verbrennungen und alles andere, was er erleidet, keinen Schmerz und andererseits auch keine Lust, wenn er in dieselbe Form zurückkehrt. Diese Wahrnehmungen sind aber sehr stark und überaus deutlich bei allem, was er empfindet, und allem, was er selbst im Aufeinandertreffen berührt; denn seiner Trennung und Verbindung wohnt keinerlei Gewalt inne. Die aus größeren Teilen bestehenden Körper, die nur schwer dem auf sie Einwirkenden nachgeben und Bewegungen auf das Ganze weitergeben, bringen Lust und Schmerz mit sich – wenn sie aus ihrem ursprünglichen Zustand entfernt werden, Schmerz, wenn sie wieder in ihn zurückversetzt werden, Lust. Alle Körper, die in nur geringem Maße ihre Ausscheidungen und Entleerungen erfahren, ihre Anfüllungen aber kräftig und in großem Maße, bereiten, da sie die Entleerung nicht, die Auffüllung aber wahrnehmen, dem sterblichen Teil der Seele keinen Schmerz, aber größte Lust; das ist offenkundig beim Wohlgeruch der Fall.

Aber alles, was jählings getrennt wird und nur in geringem Maße und mit Mühe in Einklang mit seinem früheren Zustand gebracht wird, bewirkt in jeder Hinsicht das Gegenteil von dem Vorigen. Dies ist besonders deutlich beim Brennen und Schneiden des Körpers.

Timaios 64c–65b

Männer und Frauen

... bei den Männern [sind] die Geschlechtsteile ungehorsam und eigenmächtig – wie ein Tier, das der Vernunft nicht folgt und versucht, durch seine ungebremsten Begierden alles zu beherrschen. Aus genau denselben Gründen erträgt auf der anderen Seite die sogenannte Gebärmutter oder der Uterus der Frauen als ein ihnen innewohnendes lebendiges Wesen mit dem Verlangen nach Kinderzeugung nur voller Grimm, wenn sie während ihrer Blütezeit lange unbefruchtet bleibt, irrt dann überall im Körper umher, verstopft die Ausgänge der Luft, lässt ihr Austreten nicht zu, stürzt so den Körper in äußerste Not und verursacht dann so lange vielfältige andere Krankheiten, bis die beiderseitige Begierde und das Verlangen Mann und Frau zusammenführen und dann, indem sie gleichsam Früchte von den Bäumen pflücken, wie in eine Furche in die Gebärmutter lebendige Teilchen säen, die wegen ihrer Kleinheit unsichtbar sind und formlos, sie dann wieder von ihr trennen, Großes im Innern heranwachsen lassen und danach, indem sie es ans Licht bringen, die Entstehung der Lebewesen vollenden. So sind nun die Frauen und alles Weibliche entstanden. *Timaios* 91b–d

SOKRATES. ... Zwischen denen aber, die diese Überzeugung haben, und denen, die sie nicht haben, gibt es keine Gemeinsamkeit des Standpunktes, und mit Notwendigkeit verachten sie einander, wenn sie ihre beiderseitigen Standpunkte betrachten. Sieh also ganz genau zu, ob du hier mitmachen kannst und derselben Meinung bist wie ich und wir bei unserer Beratung davon ausgehen dürfen, daß es niemals richtig ist, Unrecht zu tun oder Unrecht zu vergelten oder sich, wenn man Böses erlitten hat, zur Wehr zu setzen, indem man selbst wieder Böses tut [...].
KRITON. Ich halte daran fest und bin derselben Meinung wie du. Fahre fort!
SOKRATES. Ich will dir also das Weitere sagen, oder vielmehr: ich frage dich. *Kriton* 49d-e

Mitte

Ich jedenfalls bitte und rate euch, Protagoras und Sokrates, euch zu einigen, von uns wie von Schiedsrichtern vereint in der Mitte, und daß weder du [, Sokrates,] jene strenge Diskussionsform anstrebst, die kurzschrittige, allzusehr, wenn sie nicht genehm ist dem Protagoras, sondern lockerst und schleifen läßt die Zügel für die Erörterungen, damit sie sich uns grossartiger und formvollendeter darstellen, noch daß Protagoras seinerseits alle Segel aufspannt, sich dem Fahrtwind aussetzt und flüchtet ins Meer der Erörterungen, entschwunden dem Lande; sondern daß einen mittleren Kurs beide einschlagen. *Protagoras* 337e–338a

So fordere ich euch auch meinerseits auf, [...] nachzugeben und euch miteinander über die Argumente auseinanderzusetzen, aber nicht zu streiten.

Protagoras 337-b

Reichtum

... nicht der Reichtum [bringt] sittlichen Wert [hervor], sondern der sittliche Wert Reichtum und alle übrigen Güter, für jeden einzelnen wie für die Allgemeinheit.

Apologie 30b

Rettung des Lebens

Was erschiene uns als die Rettung des Lebens? Die Meßkunde oder die Übermacht des Erscheinenden? Würde diese uns etwa nicht jedesmal verwirren und bewirken, daß wir häufig oben und unten abwechselnd als dasselbe erfaßten und bereuten, sowohl in unseren Handlungen als auch in unseren Wahlen des Großen und Kleinen, die Meßkunde aber würde dieses Scheinbild wirkungslos machen, statt dessen die Wahrheit offenbaren und bewirken, daß die Seele Ruhe bewahrt, indem sie bei der Wahrheit bliebe, und rettete so das Leben? [...] Etwa nicht Wissen?

Protagoras 356c-357a

Ruhe und Bewegung

… der Augenblick scheint etwas Derartiges zu bezeichnen, daß etwas von ihm aus zu beidem wechselt. Denn aus der Ruhe heraus wechselt nichts, wenn es noch ruht; und auch aus der Bewegung heraus wechselt nichts, wenn es sich noch bewegt. Sondern dieses ortlose Wesen des Augenblicks liegt in der Mitte zwischen der Ruhe und der Bewegung und ist in keiner Zeit; zu ihm nun und aus ihm heraus wechselt das, was sich bewegt, zur Ruhe, und was ruht, zur Bewegung.

Parmenides 156d–e

Scham

KALLIKLES. Schämst du dich nicht, Sokrates, die Rede auf solche Dinge zu bringen?
SOKRATES. Bringe ich sie etwa darauf, mein Bester, oder der, welcher so ohne weiteres behauptet, wer nur Lust habe, gleichviel wie er Lust habe, der sei glücklich, und keinen Unterschied angibt, welche Lust gut ist und welche schlecht? *Gorgias* 494e–495a

SOKRATES. Wie es scheint, darf auch ich mich nicht schämen. Und so sage mir zuerst: Wenn jemand krätzig ist und Jucken empfindet, und er kann sich genug kratzen und so gekitzelt sein Leben hinbringen, heißt das glücklich leben?
KALLIKLES. Wie abgeschmackt du bist, Sokrates …

Gorgias 494c–d

Das Schlechte

… das Schlechte [kann] nicht völlig verschwinden, denn es muß immer einen Gegensatz zum Guten geben. Es kann sich aber auch nicht bei den Göttern ansiedeln. Vielmehr durchzieht es diese Region der sterblichen Natur nach dem Gebot der Notwendigkeit. Deshalb muß man auch versuchen, von hier möglichst schnell dorthin zu entfliehen. Diese Flucht aber besteht darin, Gott möglichst ähnlich zu werden.

Theätet 176a–b

Schöpfer und Schöpfung

Den Schöpfer und Vater dieses Alls ausfindig zu machen ist eine schwierige Aufgabe, und ihn allen darzustellen, wenn man ihn gefunden hat, ist unmöglich. Was ihn betrifft, so ist wiederum das Folgende zu untersuchen, mit Blick auf welches der beiden Muster der Baumeister das All angefertigt hat, ob mit Blick auf das, was immer mit sich selbst gleich und identisch ist, oder mit Blick auf das Gewordene. *Timaios* 28e–29a

›Schöpfung‹ oder ›Entwicklung‹?

GAST. Zunächst also folgende zwei Teile der hervorbringenden Kunst: […] Der eine Teil ist göttlich, der andere menschlich.
THEÄTET. Das verstehe ich so noch nicht.
GAST. Erinnern wir uns an das ganz zu Anfang Gesag-

te: ›Hervorbringend‹ nannten wir jede Fähigkeit, die Grund dafür ist, daß zunächst Nichtseiendes später existiert.

THEÄTET. Das weiß ich noch gut.

GAST. Alle sterblichen Lebewesen nun, dazu alle Pflanzen auf der Erde, die aus Samen und Wurzeln herauswachsen, ferner die unbeseelten Körper, die in der Erde vorkommen, schmelzbar oder nicht schmelzbar – bei alledem sind wir doch der Meinung, daß es nur durch das Wirken eines Gottes aus dem vorherigen Nichtsein in das nachfolgende Sein gelangt sein kann? Oder sollen wir uns an die gängige Meinung der Vielen und an das übliche Gerede halten …

THEÄTET. Was meinst du?

GAST. … daß die Natur dies alles hervorbringe, in blindzufälliger Verursachung, ohne denkende Vernunft? Oder ist eben doch ein Sinn dahinter, ein göttliches Wissen, ein Gott also ist die Ursache?

THEÄTET. Ich schwanke eigentlich immer wieder zwischen diesen beiden Auffassungen, das mag an meiner Jugend liegen. Aber jetzt schaue ich zu dir auf: da ich sicher bin, dass du den göttlichen Ursprung der Dinge annimmst, bekenne ich mich auch zu dieser Ansicht.

Der Sophist 265b–d

Die Seelennahrung

»Ist nicht zufällig, mein Hippokrates, der Sophist ein Großhändler oder Krämer in Waren, von denen eine Seele sich ernährt? Denn zumindest mir erscheint er so.« – »Wovon aber, Sokrates, ernährt sich eine Seele?« – »Von Kenntnissen doch wohl«, sagte ich. »Und daß

Sokrates. Antike Porträtbüste

ja nicht, mein Freund, der Sophist uns hintergeht, indem er anpreist, was er verkauft, wie die für die Nahrung des Körpers Zuständigen, der Großhändler und der Krämer. Denn wohl auch sie wissen bei den Waren, die sie vertreiben, weder selbst, was nützlich oder schädlich für den Körper ist – sie preisen einfach alles an, was sie verkaufen –, noch jene, die von ihnen kaufen, wenn einer nicht zufällig Gymnastiklehrer oder Arzt ist. Wie denn auch jene, die die Kenntnisse in den Städten reihum feilbieten und jedem, den es gerade danach verlangt, verkaufen und verschachern, zwar alles anpreisen, was sie verkaufen, aber vielleicht manche von ihnen, mein Bester, von dem was sie verkaufen, nicht wissen, was nützlich oder schädlich ist für die Seele; ebensowenig wissen es erst recht jene, die von ihnen kaufen [...]«. *Protagoras* 313c–e

Sokrates

Ihr aber, wenn ihr mir folgen wollt, kümmert euch wenig um den Sokrates, sondern weit mehr um die Wahrheit; und wenn ich euch dünke etwas Richtiges zu sagen, so stimmt mir bei, wenn aber nicht, so widerstrebt mir auf alle Weise, damit ich nicht, im Eifer mich und euch zugleich betrügend, euch wie eine Biene den Stachel zurücklassend davongehe.

Phaidon 90 b–c

Spätentwickler

Wenn wir […] über einen Menschen reden, dann gebrauchen wir dabei doch vielerlei Namen: wir sprechen ihm Farben zu, Gestalt und Körpergröße, Fehler und Vorzüge. In all diesen Fällen und noch tausenderlei anderen sagen wir damit nicht nur, daß er ein Mensch ist, sondern auch, daß er gut ist und unendlich viel anderes. Ebenso ist es auch mit all den anderen Dingen: wir nehmen selbstverständlich an, daß ein jedes »eines« ist, bezeichnen es aber dennoch durch die vielerlei Namen als vieles […]. Womit wir, glaube ich, nicht nur jungen Leuten, sondern auch geistigen Spätentwicklern ein üppiges Mahl serviert haben: Denn den Einwand hat man ja leicht bereit, dass das Viele unmöglich eines, das Eine unmöglich vieles sein kann. Sie haben ihren Spaß daran, die Aussage, der Mensch ist gut, zu verbieten, denn nur das Gute sei gut und der Mensch eben Mensch. Sicher triffst du doch auch öfter solche Leute, Theätet, die sich mit großem Aufwand auf so etwas stürzen, mitunter schon durchaus leicht angegraute Herren. Geistig sind sie wohl etwas zurückgeblieben, wenn sie aus dem Staunen darüber überhaupt nicht mehr herauskommen und meinen, sie hätten damit den Gipfel aller Weisheit entdeckt.

Der Sophist 251a–c

Sport

Es gibt eine einzige Rettung für beide, nämlich weder die Seele ohne den Körper in Bewegung zu setzen noch den Körper ohne die Seele, damit sie, indem sie sich gegenseitig in Schach halten, ins Gleichgewicht kommen und gesund werden. Folglich muss der Mathematiker, oder wer immer eine andere geistige Tätigkeit ernsthaft betreibt, auch der Bewegung des Körpers Aufmerksamkeit schenken, indem er Sport treibt; wer hinwiederum sorgfältig den Körper ausbildete, muss den Bewegungen der Seele Beachtung schenken, indem er sich den schönen Künsten und jeglicher Wissenschaft zuwendet, wenn er denn mit Recht schön und gut im wahren Sinne des Wortes heißen will.

Timaios 88b–c

Von den Bewegungen des Körpers wiederum ist die in ihm selbst durch ihn selbst die beste, denn sie ist am meisten mit der Bewegung des Denkens und des Alls verwandt, die Bewegung durch etwas anderes aber schlechter, am schlechtesten jedoch ist die Bewegung des liegenden und im Ruhezustand befindlichen Körpers durch andere, ihn Teil für Teil bewegenden Kräfte. Deshalb ist von den Mitteln, den Körper zu reinigen und in eine gute Form zu bringen, der Sport das beste. *Timaios* 89a

Staunen

THEÄTET. Bei den Göttern, Sokrates, ich komme aus dem Staunen nicht heraus, was es alles damit auf sich hat. Und manchmal wird mir geradezu schwindlig, wenn ich es mir ansehe.

SOKRATES. Mein Lieber, offensichtlich hat Theodoros über deine Art ganz richtig geurteilt. Denn dein Zustand, die Verwunderung, ist recht typisch für einen Philosophen. Es gibt nämlich keinen anderen Anfang der Philosophie als die Verwunderung.

Theätet 155c–d

Tausend

Oftmals also ist nach deiner Annahme ein Einsichtsvoller mehr wert als Tausende von Unverständigen, und dieser muß herrschen, jene aber beherrscht werden, und der Herrschende mehr haben als die Beherrschten. *Gorgias* 490a

Thales und die Magd

So wie man sich von Thales erzählt, Theodoros. Als er einmal, um die Sterne zu betrachten, nach oben schaute und dabei in einen Brunnen fiel, soll ihn eine schlagfertige und tüchtige thrakische Magd mit den Worten verspottet haben, daß er zwar darauf aus sei zu wissen, was am Himmel vor sich gehe, ihm aber verborgen bleibe, was in seiner Nähe und vor seinen Füßen liege. Derselbe Spott gilt für alle, die ganz in der Philosophie aufgehen. *Theätet* 174a–b

KALLIKLES. Wie du doch immer wieder dasselbe vorbringst, Sokrates!
SOKRATES. Nicht nur das, Kallikles, sondern auch, wohl zu merken, über dasselbe! *Gorgias* 490e

Tiere

Von den Männern, die geboren wurden, kamen alle, die ihr Leben feige und ungerecht hingebracht haben, nach der wahrscheinlichsten Annahme bei ihrer zweiten Geburt als Frauen auf die Welt. Deshalb schufen die Götter in jener Zeit auch die geschlechtliche Liebe, indem sie ein beseeltes Lebewesen in uns und das andere in den Frauen zusammensetzten und auf folgende Weise bei einem jeden zu Werke gingen. [...]

Die Klasse der Vögel nun wurde durch Umwandlung – sie bekamen anstelle der Haare Federn – aus den Männern geschaffen, die einfältig und gedankenlos, aber leichtsinnig sind, da sie sich zwar mit Himmelserscheinungen befassen, aber in ihrer Einfalt glauben, dass die von den Augen dafür gelieferten Beweise die sichersten seien.

Die Klasse der Landtiere entstand aus den Männern, die keinerlei Philosophie trieben und sich überhaupt nicht um die Natur des Himmels kümmerten, weil sie nicht mehr die Umläufe im Kopf benutzten, sondern den Seelenteilen im Bereich der Brust als Anführern folgten. Aufgrund dieser Beschäftigungen richteten sie ihre Vorderglieder und Köpfe zur Erde hin, da sie infolge der Verwandtschaft mit ihr herabgezogen wurden, und sie bekamen in die Länge gezogene und verschiedenartige Scheitel, je nachdem wie die Umläufe eines jeden von seiner Untätigkeit zusammengedrückt wurden; deshalb wuchs ihre Gattung der Vier- und Vielfüßler heran, da der Gott den Unvernünftigen mehr Stützen untersetzte, damit sie stärker zur Erde hingezogen würden. Die Unvernünftigsten von ihnen, die ihren ganzen Körper vollständig zur Erde hin streckten, schufen die Götter, da sie keine Füße mehr brauchten, fußlos und auf der Erde kriechend.

Die vierte Klasse, die der Wassertiere, entstand aus den allerunvernünftigsten Männern, welche die Götter, die sie umbildeten, nicht einmal mehr reiner Atemluft für würdig hielten, da sie infolge ihrer völligen Fehlerhaftigkeit eine unreine Seele hatten; vielmehr stießen sie sie, anstatt ihnen das leichte und reine Einatmen der Luft zu gewähren, hinab zum Einatmen trüber Flüssigkeit in die Tiefe des Wassers. So entstand das Volk der Fische und der Muscheln und von allem, was sonst noch im Wasser lebt, die als Strafe für ihre äußerste Unwissenheit die äußersten Wohnsitze erhielten. Und nach all diesen Grundsätzen verwandelten sich damals die Lebewesen ineinander und verwandeln sich auch jetzt noch, indem sie sich durch den Verlust und den Gewinn von Vernunft und Unvernunft verändern. *Timaios* 90e–92b

Tod

... nicht dies ist schwierig, ihr Männer, die Vermeidung des Todes, sondern noch weit mehr die der Schlechtigkeit; die kann nämlich schneller laufen als der Tod. Und jetzt hat mich, der ich langsam bin und alt, die langsamere Gefahr eingeholt, meine Ankläger hingegen, die ja kräftig und behende sind, die schnellere, die Schlechtigkeit. Und so gehen wir jetzt von dannen: ich von euch des Todes, sie aber von der Wahrheit der Niedertracht und Ungerechtigkeit für schuldig befunden.

Apologie 38a–b

Schließlich aber, wenn die zusammengefügten Bänder der Dreiecke im Mark durch die Mühen gelockert nicht mehr zusammenhalten, lösen sie auch die Fesseln der Seele. Diese aber fliegt befreit ihrer Natur entsprechend mit Freude heraus; denn alles Naturwidrige ist schmerzhaft, was aber im Einklang mit ihr geschieht, süß. Und so ist der Tod, der durch Krankheiten und infolge von Wunden zustande kommt, schmerzhaft und gewaltsam, der aber, der mit dem Alter naturgemäß zum Ende führt, ist der müheloseste der Tode und kommt mehr mit Lust als mit Schmerz zustande.

Timaios 81d–e

Toren

… denn der Toren Geschlecht ist unendlich.

Protagoras 346c [Simonideszitat]

Thyrsusträger sind viele, doch echte Begeisterte wenig.

Phaidon 69c–d

SOKRATES. Ich stelle jetzt also die verfänglichste Frage, die meiner Meinung nach etwa folgendermaßen lautet: »Kann wohl derselbe Mann etwas wissen und zugleich das, was er weiß, nicht wissen?«
THEODOROS. Was sollen wir darauf antworten, Theätet?
THEÄTET. Unmöglich, wie ich jedenfalls meine.
SOKRATES. Er kann es aber doch, wenn du Sehen als Wissen ansiehst. Denn wie hältst du es mit folgender Fangfrage, bei der du, wie man sagt, mit dem Hals schon in der Schlinge steckst: wenn dir nämlich ein Mann, der sich nicht so schnell beeindrucken läßt, ein Auge zuhielte und dich fragte, ob du mit dem zugehaltenen Auge seinen Mantel sehen kannst?
THEÄTET. Ich werde, glaube ich, sagen, mit diesem Auge zwar nicht, aber mit dem anderen.
SOKRATES. Folglich siehst du und siehst dasselbe zugleich nicht?
THEÄTET. Gewissermaßen, jedenfalls auf diese Weise.
SOKRATES. Die Art und Weise, wird er sagen, habe ich nicht gemeint oder danach gefragt, sondern danach, ob du das, was du weißt, auch wiederum nicht weißt. Nun aber siehst du offensichtlich, was du nicht siehst. Du hast aber zugestimmt, Sehen sei Wissen und Nichtsehen sei Nichtwissen. Daraus ziehe nun deine Schlußfolgerung.
THEÄTET. Nun, ich folgere daraus, daß sich das Gegenteil von meiner Anfangsbehauptung ergibt.

Theätet 165b–d

Viel und wenig

... es ist besser, weniges gut als vieles unzulänglich auszuführen. *Theätet* 187e

Vielfalt des Seins

... etwas zu leichtfertig [haben all jene gesprochen], die sich auf eine Untersuchung eingelassen haben, in wie viele und was für Arten man das Seiende einteilen müsse [...]. Wie ein Märchen kommt es mir vor, was jeder von ihnen erzählt, als wären wir Kinder: Der eine sagt, das Seiende sei dreifach, manchmal kämpfe einiges davon miteinander, dann wieder liebe es sich und es gäbe Hochzeiten, Geburten und das Großziehen der Kinder. Ein anderer wieder sagt, es gäbe nur zwei Arten, Nasses und Trockenes oder Warmes und Kaltes; er gibt beides zusammen und verheiratet es. Unsere eleatische Sippschaft aber, angefangen bei Xenophanes oder vielleicht sogar noch früher, stellt die Sache in ihren Geschichten so dar, als sei das, was wir »alles« nennen, ein »eines«. Gewissen ionischen oder sizilischen Musen dagegen fiel später ein, es sei am sichersten, beides zu verbinden und zu sagen, das Seiende sei sowohl »vieles« als auch »eines«, es werde durch Haß und Liebe zusammengehalten. Im Auseinanderstreben strebe es gleichermaßen zusammen, so sagen wenigstens die gestrengeren unter den Musen. Die nachgiebigeren aber bestehen nicht darauf, daß sich das immer so verhalte, sondern behaupten, das All sei abwechselnd einmal eines, mit sich in Freundschaft durch Aphrodite, dann aber wieder vieles, mit sich selbst ver-

in den Wachsblock ab, indem wir ihn unter unsere Wahrnehmungen und Gedanken legen, ähnlich wie man die Abdrücke eines Siegelringes eindrückt. Und was sich dann abbildet, daran erinnern wir uns und wissen es, solange sich das Abbild hiervon auf dem Block befindet. Was aber ausgelöscht ist oder nicht abgebildete werden konnte, das vergessen wir und wissen es nicht. *Theätet* 191c–e

Wissen

... dies allein ist Schlecht-Handeln, des Wissens beraubt werden. *Protagoras* 345b

Dies setzen wir als Anfang des Feuers und der anderen Körper, indem wir uns an der wahrscheinlichsten Aussage in Verbindung mit der Notwendigkeit orientieren. Das aber, was diesen noch zugrunde liegt, weiß Gott und von den Menschen, wer ihm ein Freund ist.

Timaios 53d

Der Zitterrochen

Wenn ich mir mal einen Scherz erlauben darf: ich finde, du bist in jeder Hinsicht, äußerlich und auch sonst, wie ein Zitterrochen, dieser platte Meeresfisch. Jedesmal, wenn sich ihm einer nähert und ihn berührt, betäubt er ihn, und ich finde, du hast so etwas mit mir gemacht. Ich bin nämlich wirklich an Mund und Seele betäubt und weiß nicht, was ich dir antworten soll. Obwohl ich doch schon unzählige Male vor etlichen Leuten verschiedene Reden über das Gutsein gehalten habe, und wie ich fand, ganz gut, kann ich jetzt nicht sagen, was es überhaupt ist. *Menon* 80a–c

***

Als man den Plato fragte, wie er in dieser Welt gelebt habe, antwortete er: mit Schmerzen bin ich hereingekommen, mein Leben war ein anhaltendes Erstaunen und ungern geh ich hinaus, und ich habe nichts gelernt als daß ich nichts weiß. *Johann Wolfgang Goethe, Noten und Abhandlungen zu besserem Verständnis des West-östlichen Divans, S. 325*

V
Apologie

… werdet mir bitte nicht unruhig, ihr Männer von Athen, auch nicht, wenn es so aussieht, als machte ich große Worte. Denn nicht aus eigener Machtvollkommenheit sage ich, was ich jetzt sagen will; ich werde mich vielmehr auf einen geeigneten Gewährsmann berufen. Denn für meine Weisheit – wenn es sie gibt und was immer daran ist – kann ich euch als Zeugen den Gott in Delphi nennen.

Ihr kennt ja wohl den Chairephon. Der war von Jugend an mein Freund, und er ist, als euer, des Volkes, Freund, mit vielen von euch in die Verbannung gegangen und von dort wieder zurückgekehrt. Und ihr wißt auch, was der Chairephon für ein Mann war, wie energisch bei allem, was er sich vorgenommen hatte. Ja, und als er nun einmal nach Delphi kam, da scheute er sich nicht, das Orakel zu befragen, ob (werdet bitte über meine Worte nicht ungehalten, ihr Männer) – er fragte also, ob wohl jemand weiser sei als ich. Da gab ihm die Pythia den Bescheid, niemand sei weiser. Und das wird euch sein Bruder – dort ist er – bezeugen; er selbst ist ja gestorben.

Beachtet bitte, warum ich das sage: ich will euch doch zeigen, was mir den schlechten Ruf verschafft hat. Als ich nämlich von dem Bescheid erfuhr, da überlegte ich mir folgendes: »Was mag der Gott wohl meinen, und was gibt er mir da für ein Rätsel auf? Ich weiß nämlich ganz genau, daß ich nicht weise bin, weder viel noch wenig. Was meint er also, wenn er sagt, ich sei der Weiseste? Denn ganz gewiß lügt er ja nicht; das ist nicht seine Art.« Und lange Zeit war mir gänzlich unklar, was er wohl meinte; dann erst, mit großem Widerstreben, machte ich mich daran, die Frage auf folgende Weise zu untersuchen. Ich ging zu einem von denen, die in dem Rufe standen, weise zu sein, um so, wenn überhaupt, den Spruch zu widerlegen und dem Orakel zu zeigen: »Dieser Mann ist weiser als ich; du aber hast gesagt, ich sei der weiseste.« Als ich ihn nun prüfte (ich brauche ihn wohl nicht mit Namen zu nennen; es war einer von unseren Politikern, bei dem ich, als ich ihn mir ansah und mich mit ihm unterhielt, derartiges erlebte), da gewann ich den Eindruck, daß dieser Mann wohl weise zu sein schien – nach dem Urteil vieler anderer Leute und vor allem nach seinem eigenen –, ohne es indessen wirklich zu sein, und ich versuchte ihm klarzumachen, daß er sich zwar einbildete, weise zu sein, daß er es jedoch gar nicht war. So kam es, daß ich mich bei ihm und bei vielen der Anwesenden verhaßt machte; bei mir selbst aber bedachte ich, als ich wegging: »Im Vergleich zu diesem Menschen bin ich der Weisere. Denn wahrscheinlich weiß ja keiner von uns beiden etwas Ordentliches und Rechtes; er aber bildet sich ein, etwas zu wissen, obwohl er nichts weiß, während ich, der ich nichts weiß, mir auch nichts zu wissen einbilde. Offenbar bin ich im Vergleich zu diesem Mann um eine Kleinigkeit weiser, eben darum, daß ich, was ich nicht weiß, auch nicht zu wissen glaube.« Dann ging ich zu einem anderen, zu einem, der für noch weiser galt als mein erster Mann. Ich gewann dort genau denselben Eindruck, und ich machte mich nunmehr auch bei ihm und obendrein noch bei vielen anderen verhaßt.

Daraufhin suchte ich planmäßig einen nach dem anderen auf, und ich bemerkte zu meinem Kummer und Schrecken, daß ich mich stets nur verhaßt machte. Trotzdem glaubte ich, es sei unerläßlich, das Wort des Gottes höher zu stellen als alles andere – ich hatte also, um die Bedeutung des Orakels zu ergründen, alle Leute aufzusuchen, die in dem Rufe standen, daß sie etwas wüßten. Und beim Hunde, ihr Männer von Athen (ich muß euch ja die Wahrheit sagen), was ich jetzt erlebte, war dies: diejenigen, die den allerbesten Ruf genossen, schienen mir so ziemlich die armseligsten Burschen zu sein, als ich sie der göttlichen Weisung gemäß prüfte; bei anderen hingegen, die in geringerem Ansehen standen, hatte ich den Eindruck, daß es mit ihrer Fähigkeit zur Einsicht besser bestellt war. Ich muß euch also meine Irrfahrt schildern, wie die eines Mannes, der allerlei Mühen auf sich genommen hat – ich wollte ja den Orakelspruch unangreifbar machen.

Nach den Politikern suchte ich nämlich die Dichter auf, die Tragödien- und die Dithyrambenschreiber und alle die anderen, um mich dort auf frischer Tat zu überführen, daß ich unwissender sei als sie. Ich nahm mir ihre Dichtungen vor, und zwar die, mit denen sie sich meiner Meinung nach besonders viel Mühe gegeben hatten, und fragte sie, was sie damit sagen wollten, um zugleich noch etwas von ihnen zu lernen. Ich scheue mich jetzt, ihr Männer, euch die Wahrheit zu sagen. Trotzdem – ich muß es tun. Denn eigentlich wußten fast alle Anwesenden verständiger über die Sachen zu reden als die Verfasser selber. So stellte ich denn auch bei den Dichtern in kurzer Zeit fest, daß sie nicht aus Weisheit hervorbrachten, was sie hervorbrachten, sondern auf Grund einer besonderen Veranlagung und in göttlicher Begeisterung wie die Seher und Orakelsänger. Denn auch diese Leute sagen viele schöne Dinge, ohne zu wissen, was sie sagen. In einen solchen Zustand schienen mir auch die Dichter zu geraten, und zugleich bemerkte ich, daß sie wegen ihrer Dichtungen glaubten, sie seien auch sonst ganz besonders weise Leute – was sie nicht waren. Ich verließ sie daher mit der Überzeugung, daß ich ihnen in demselben Punkte überlegen war wie den Politikern.

Schließlich ging ich zu den Handwerkern. Ich selbst war mir ja bewußt, daß ich mich sozusagen auf nichts verstehe; bei ihnen aber würde ich, wie ich wußte, feststellen, daß sie sich auf viele schöne Dinge verstünden. Und hierin sah ich mich nicht getäuscht: sie verstanden sich auf Dinge, von denen ich nichts verstand, und waren mir in dieser Hinsicht an Weisheit überlegen. Aber, ihr Männer von Athen, denselben Fehler wie die Dichter schienen mir auch die lieben Handwerker zu haben: weil sie sich gut auf die Ausübung ihrer Kunst verstanden, bildete ein jeder sich ein, er sei auch im übrigen ganz ungeheuer weise, so daß – meiner Meinung nach – diese Beschränktheit ihre Weisheit wieder aufhob. Daher fragte ich mich im Namen des Orakels, ob ich's für richtig hielte, so zu sein, wie ich sei – nicht weise im Sinne ihrer Weisheit und nicht unwissend im Sinne ihrer Unwissenheit –, oder ob ich's vorzöge, zu sein wie sie. Ich gab mir selbst und dem Orakel zur Antwort, daß es mir wohl anstehe, zu sein, wie ich bin.

Aus dieser Untersuchung, ihr Männer von Athen, sind mir viele Feindschaften erwachsen, und zwar sehr schlimme und schwere, so daß mancherlei Vorurteile gegen mich aufgekommen sind und ich in den Ruf geriet, ich sei ein Weiser. Die jeweils Anwesenden glauben nämlich, ich sei selber in den Dingen weise, nach denen ich einen anderen ausfrage. So scheint denn, ihr Männer, allein der Gott wahrhaft weise zu sein und mit seinem Orakelspruch ebendies zu meinen, daß die menschliche Weisheit nur wenig wert ist oder rein nichts. Und offenbar deutet er in diesem Sinne auf den Sokrates hin, wobei er meinen Namen nur nebenbei nennt, indem er mich als Beispiel verwendet – als ob er sagen wollte: »Der, ihr Menschen, ist unter euch der weiseste, der wie Sokrates erkannt hat, daß er, recht betrachtet, nichts wert ist, was seine Weisheit betrifft.« So gehe ich denn auch jetzt noch umher und stelle im Auftrage des Gottes Untersuchungen an, sooft ich von einem Einheimischen oder Fremden annehme, er sei weise. Und wenn er's mir nicht zu sein scheint, dann zeige ich ihm als Gehilfe des Gottes, daß er nicht weise ist. Und wegen dieser Beschäftigung habe ich im übrigen zu nichts Nennenswertem Zeit gefunden, weder im Dienste der Öffentlichkeit noch in meinen eigenen Angelegenheiten; ich lebe vielmehr in tiefster Armut – wegen meines Dienstes für den Gott. *Apologie* 20e–23c

… sich vor dem Tode zu fürchten, ihr Männer, das ist nichts anderes als sich für weise zu halten, ohne daß man es ist. Das bedeutet ja, daß man zu wissen glaubt, was man gar nicht weiß. Denn niemand weiß, ob nicht der Tod für den Menschen die größte aller Wohltaten ist, und doch fürchten ihn die Leute, als ob sie genau wüßten, daß er das größte aller Übel ist. Und ist nicht ebendies die vielgeschmähte Unbelehrtheit: zu glauben, man wisse, was man nicht weiß? Hierdurch, ihr Männer, unterscheide ich mich wohl auch in dieser

Frage von den meisten Menschen, und wenn ich beanspruchen wollte, in irgendeiner Hinsicht weiser zu sein als andere, dann darin, daß ich, da ich nichts Genaues von den Zuständen im Jenseits weiß, auch nicht glaube, etwas davon zu wissen. Unrecht zu tun und einem Besseren nicht zu gehorchen, einem Gott oder Menschen: daß das schlecht und schändlich ist, weiß ich. Anstelle der schlechten Dinge, von denen ich weiß, daß sie schlecht sind, werde ich niemals anderes, von dem ich nicht weiß, ob es nicht vielleicht sogar gut ist, fürchten und zu meiden suchen.

Wenn ihr mich also jetzt laufen laßt, ohne auf Anytos zu hören, der da meinte, ich hätte entweder gar nicht hier erscheinen dürfen oder aber es sei, da ich hier erschienen bin, unmöglich, daß man mich nicht zum Tode verurteile, und der euch noch versicherte, daß, wenn ich davonkäme, eure Söhne, indem sie die Lehren des Sokrates befolgten, allesamt ganz und gar verdorben würden – wenn ihr mir daraufhin sagtet: »Sokrates, dieses Mal wollen wir nicht auf Anytos hören, sondern dich laufen lassen, allerdings nur unter der Bedingung, daß du nicht mehr diesen Untersuchungen frönst und Philosophie betreibst. Wenn du aber noch einmal dabei ertappt wirst, dann mußt du sterben« – wenn ihr mich also, wie gesagt, unter dieser Bedingung laufen lassen wolltet, dann würde ich euch antworten: »Ich schätze und verehre euch, ihr Männer von Athen, doch gehorchen werde ich eher dem Gotte als euch und, solange ich atme und dazu imstande bin, nimmer aufhören, zu philosophieren und auf euch einzureden und jedem von euch, den ich treffe, ins Gewissen zu reden.« *Apologie* 29a–d

VI
Letzte Gespräche

Da sagte Simmias: Ich will dir die Wahrheit sagen, Sokrates. Wir beide haben schon lange zweifelnd einander angestoßen und aufgemuntert zu fragen, weil wir zwar gern hören möchten, aber doch Bedenken tragen, dir Unruhe zu machen, daß es dir nicht etwa zuwider wäre bei dem jetzigen Unglück. – Als er dies hörte, sagte er mit sanftem Lächeln: O weh, Simmias! wahrlich gar schwer werde ich die übrigen Menschen überzeugen, daß ich das jetzige Geschick für kein Unglück halte, da ich nicht einmal euch überzeugen kann, sondern ihr fürchtet, ich möchte jetzt mißgestimmter sein als sonst im Leben. Und wie es scheint, haltet ihr mich in der Wahrsagung für schlechter als die Schwäne, welche, wenn sie merken, daß sie sterben sollen, wie sie schon sonst immer gesungen haben, dann am meisten und vorzüglichsten singen, weil sie sich freuen, daß sie zu dem Gott gehen sollen, dessen Diener sie sind. Die Menschen aber, wegen ihrer eigenen Furcht vor dem Tode, lügen auch über die Schwäne und sagen, daß sie über den Tod jammernd aus Traurigkeit sängen, ohne zu bedenken, daß kein Vogel singt, wenn ihn hungert oder friert oder ihm sonst irgend etwas fehlt, auch selbst nicht einmal die Nachtigall oder die Schwalbe und der Wiedehopf, von denen sie sagen, daß sie aus Unlust klagend singen; aber weder diese, glaube ich, singen aus Traurigkeit noch die Schwäne; sondern weil sie, meine ich, dem Apollon angehören, sind sie wahrsagerisch; und da sie das Gute in der Unterwelt vorauserkennen, so singen sie und sind fröhlich an jenem Tage besonders und mehr als sonst vorher. Ich halte aber auch mich dafür, ein Dienerschaftsgenosse der Schwäne zu sein und demselben Gotte heilig und nicht schlechter als sie das Wahrsagen zu haben von meinem Gebieter, also auch nicht unmutiger als sie aus dem Leben zu scheiden. *Phaidon* 84d–85b

Ich saß [...] zu seiner Rechten neben dem Bett auf einem Bänkchen, er aber saß weit höher als ich. Nun strich er mir über den Kopf, faßte die Haare im Nacken zusammen – denn er pflegte wohl oft in meinen Haaren zu spielen – und sagte: Morgen also, o Phaidon, wirst du wohl diese schönen Locken abscheren? – So sieht es wohl aus, Sokrates, sprach ich. – Nicht doch, wenn du mir folgst. – Was denn? fragte ich. – Heute noch, sagte er, wollen wir, ich meine und du diese, abscheren, wenn uns nämlich die Rede stirbt und wir sie nicht wieder ins Leben rufen können. Und wenn ich du wäre und mir diese Rede abhanden käme, wollte ich, wie die Argeier, einen Eid darauf ablegen, nicht eher das Haar wachsen zu lassen, bis ich in ehrlichem Kampf die Rede des Simmias und Kebes besiegt hätte. – Aber, sagte ich, mit zweien kann es ja auch Herakles nicht aufnehmen. – So rufe denn mich herbei, sprach er, als deinen Iolaos, solange es noch Tag ist. – Das tue ich denn, sagte ich, aber nicht als Herakles, sondern wie Iolaos den Herakles. – Das ist gleichviel, sagte er.

Aber daß wir uns ja zuerst hüten, daß uns nicht etwas Gewisses begegne. – Was doch? fragte ich. – Daß wir ja nicht Redefeinde werden, sprach er, wie andere wohl Menschenfeinde. Denn unmöglich, sagte er, kann

Der Tod des Sokrates. Gemälde von Jacques-Louis David, 1787
(New York, Metropolitan Museum)

einem etwas Ärgeres begegnen, als wenn er Reden haßt. Und die Redefeindschaft entsteht ganz auf dieselbe Weise wie die Menschenfeindschaft. Nämlich die Menschenfeindschaft entsteht, wenn man einem auf kunstlose Weise zu sehr vertraut und einen Menschen für durchaus wahr, gesund und zuverlässig gehalten hat, bald darauf aber denselben als schlecht und unzuverlässig findet, und dann wieder einen; und wenn einem das öfter begegnet und bei solchen, die man für die vertrautesten und besten Freunde hält, so haßt man dann endlich, wenn man immer wieder anstößt, alle, und glaubt, daß nirgend an einem irgend etwas Gesundes ist. Oder hast du nicht bemerkt, daß das so zu gehen pflegt? – Jawohl, sagte ich. – Ist das nun nicht, sprach er, schändlich, und ist nicht offenbar, daß ein solcher sich ohne die Kunst, die sich auf Menschen versteht, an den Umgang mit den Menschen wagt? Denn wenn er dieser Kunst gemäß mit ihnen umginge: so würde er, wie es sich in der Tat verhält, so auch glauben, daß die sehr guten und sehr schlechten beide immer nur wenige sind, die mittelmäßigen aber am zahlreichsten. – Wie meinst du das? sprach ich. – Gerade, sagte er, wie mit dem sehr Großen und sehr Kleinen; glaubst du, daß es etwas Selteneres gibt, als einen ganz ausgezeichnet großen oder ausgezeichnet kleinen Menschen oder Hund oder sonst etwas zu finden? Und ebenso mit schnell und langsam, häßlich und schön, weiß und schwarz? Oder hast du nicht gemerkt, daß von alledem das Äußerste selten vorkommt und wenig, das Mittlere aber unendlich häufig? – Freilich, sprach ich. – Und meinst du nicht, sagte er, wenn ein Wettstreit der Schlechtigkeit angestellt würde, daß auch da nur sehr wenige sich als die ersten zeigen würden? – Natürlich, sagte ich. – Freilich natürlich, sprach er; aber darin sind eigentlich die Reden nicht den Menschen ähnlich, sondern nur weil du führtest, bin ich dir hierher gefolgt, wohl aber darin, daß, wenn jemand einer Rede getraut hat, daß sie wahr sei, ohne die Kunst, welche sich auf Reden versteht, und sie ihm dann bald darauf wieder falsch vorkommt, manchmal mit Recht, manchmal mit Unrecht, und so wieder eine und eine andere – und vorzüglich gilt das, wie du wohl weißt, von denen, die sich mit Streitreden abgeben, daß sie am Ende glauben, ganz weise geworden und allein zu der Einsicht gelangt zu sein, daß nicht nur an keinem Dinge irgend etwas Gesundes und Richtiges ist, sondern auch an den Reden nicht, vielmehr alles sich ordentlich wie im Euripos von oben nach unten dreht und keine Zeitlang bei etwas bleibt.

Phaidon 89a–90c

Und so ist denn dieses, ihr Männer, wohl wert bemerkt zu werden, daß, wenn die Seele unsterblich ist, sie auch der Sorgfalt bedarf nicht für diese Zeit allein, welche wir das Leben nennen, sondern für die ganze Zeit, und das Wagnis zeigt sich nun eben erst recht furchtbar, wenn jemand sie vernachlässigen wollte. Denn wenn der Tod eine Erledigung von allem wäre: so wäre es ein Fund für die Schlechten, wenn sie sterben, ihren Leib loszuwerden, aber auch ihre Schlechtigkeit mit der Seele zugleich. Nun aber diese sich als unsterblich zeigt, kann es ja für sie keine andere Sicherheit vor dem Übel geben und kein Heil als nur, wenn sie so gut und vernünftig geworden ist als möglich. Denn nichts anderes kann sie doch mit sich haben, wenn sie in die Unterwelt kommt, als nur ihre Bildung und Nahrung, die ihr ja auch, wie man sagt, sowie sie gestorben ist, den größten Nutzen oder Schaden bringt, gleich am Anfang der Wanderung dorthin. Denn man sagt ja, daß jeden Gestorbenen sein Dämon, der ihn schon lebend zu besorgen hatte, dieser ihn auch dann an einen Ort zu führen sucht, von wo aus mehrere zusammen, nachdem sie gerichtet sind, in die Unterwelt gehen mit jenem Führer, dem es aufgetragen ist, die von hier dorthin zu führen. Nachdem ihnen dann dort geworden ist, was ihnen gebührt, und sie die gehörige Zeit dageblieben, bringt ein anderer Führer sie wieder von dort hierher zurück nach vielen und großen Zeitabschnitten. Und diese Reise ist wohl nicht so, wie der Telephos des Aischylos sie beschreibt. Denn jener sagt, es führe nur ein einfacher Fußsteig in die Unterwelt; ich aber glaube, daß es weder einer ist noch ein einfacher. Sonst würde es ja keines Führers bedürfen, denn nirgendshin kann man ja fehlen, wo nur ein Weg geht. Nun aber mag er sich wohl oftmals teilen und winden. Dies schließe ich aus dem, was bei uns als heilige Feier eingeführt und gebräuchlich ist. Die sittsame und vernünftige Seele nun folgt und verkennt nicht, was ihr widerfährt; die aber begehrlich an dem Leibe sich hält, wie ich auch vorher sagte, drängt sich lange Zeit immer um ihn herum und um den sichtbaren Ort, und nach vielem Sträuben und vielen Versuchen wird sie endlich mit Mühe und gewaltsam von dem angeordneten Dämon abgeführt. Sie nun, die dahin kommt, wo auch die andern sich befinden, die unreine und die etwas dergleichen verübt hat, habe sie sich nun mit ungerechtem Morde befaßt oder anderes dergleichen begangen, was dem verschwistert und verschwisterter Seelen Werk ist, diese meidet jeder und weicht ihr aus und will weder ihr Reisegefährte noch ihr Führer werden; sie aber irrt in gänzlicher Unsicherheit befangen, bis gewisse Zeiten um sind, nach deren Verlauf die Notwendigkeit sie in die ihr angemessene Wohnung bringt. Die aber rein und mäßig ihr Leben verbracht und Götter zu Reisegefährten und Führern bekommen hat, bewohnt jede den ihr gebührenden Ort.

Es hat aber die Erde viele und wunderbare Orte und ist weder an Größe noch Beschaffenheit so, wie von denen, die über die Erde zu reden pflegen, geglaubt wird, nach dem, was mir einer glaublich gemacht hat. – Darauf sagte Simmias: Wie meinst du das, o Sokrates? Denn über die Erde habe auch ich schon vielerlei gehört, aber wohl nicht das, was dich befriedigt; darum möchte ich es gern hören. – Das ist ja wohl keine große Kunst, o Simmias, sagte er, zu erzählen, was das ist; aber freilich, daß es so wahr ist, das möchte wieder schwerer sein als schwer; und teils möchte ich es vielleicht nicht können, teils auch, wenn ich es verstände, möchte doch mein Leben wenigstens, o Simmias, für die Größe der Sache nicht mehr hinreichen. Doch die Gestalt der Erde, wie ich belehrt bin daß sie sei, und ihre verschiedenen Orte hindert mich nichts zu beschreiben. – Auch das, sprach Simmias, soll uns genug sein. – Zuerst also bin ich belehrt worden, daß, wenn sie als runde inmitten des Himmels steht, sie weder Luft brauche, um nicht zu fallen, noch irgendeinen andern solchen Grund, sondern, um sie zu halten, sei hinreichend die durchgängige Einerleiheit des Himmels und das Gleichgewicht der Erde selbst. Denn ein im Gleichgewicht befindliches Ding in die Mitte eines anderen solchen gesetzt wird keinen Grund haben, sich irgendwohin mehr oder weniger zu neigen, und daher, auf gleiche Weise zu allem sich verhaltend, wird es ohne Neigung bleiben. Dieses, sagte er, habe ich zuerst angenommen. – Und sehr mit Recht, sprach Simmias. – Dann auch, daß sie sehr groß sei und daß wir, die vom Phasis bis an die Säulen des Herakles reichen, nur an einem sehr kleinen Teile, wie Ameisen oder Frösche um einen Sumpf, so wir um das Meer herum wohnen, viele andere aber anderwärts an vielen solchen Orten. Denn es gebe überall um die Erde her viele Höhlungen und mannigfaltige von Gestalt und Größe, in welchen Wasser und Nebel und Luft zusammengeflossen sind; die Erde selbst aber liege rein in dem reinen Himmel, an welchem auch die Sterne sind und den die meisten, welche über dergleichen zu reden pflegen, Äther nennen, dessen Bodensatz nun eben dieses ist und immer in den Höhlungen der Erde zusammenfließt. Wir nun merkten es nicht, daß wir nur in diesen Höhlungen der Erde wohnten, und glaubten, oben auf der Erde zu wohnen, wie wenn ein mitten im Grunde der See Wohnender glaubte, oben an dem Meere zu wohnen, und, weil er durch das Wasser die Sonne und die andern Sterne sähe, das Meer für den Himmel hielte, aus Trägheit aber und Schwachheit niemals bis an den Saum des Meeres gekommen wäre, noch über das Meer aufgetaucht und hervorgekrochen, um diesen Ort zu schauen, wieviel reiner und schöner er ist als der bei ihm, noch auch von einem andern, der ihn gesehen, dies gehört hätte; geradeso erginge es auch uns. Denn wir wohnten in irgendeiner Höhlung der Erde und glaubten, oben darauf zu wohnen, und nennten die Luft Himmel, als ob diese der Himmel wäre, durch welchen die Sterne wandeln. Damit aber sei es gerade so, daß wir aus Trägheit und Schwachheit nicht vermöchten hervorzukommen bis an den äußersten Saum der Luft. Denn wenn jemand zur Grenze der Luft gelangte oder Flügel bekäme und hinaufflöge: so würde er dann hervortauchen und sehen, wie hier die Fische, wenn sie einmal aus dem Meer herauftauchen, was hier ist, sehen, so würde dann ein solcher auch das Dortige sehen, und wenn seine Natur die Betrachtung auszuhalten vermöchte, dann erkennen, daß jenes der wahre Himmel ist und das wahre Licht und die wahre Erde. Denn die Erde hier bei uns und die Steine und der ganze Ort hier ist zerfressen und verwittert, wie, was im Meere liegt, vom Salz angefressen ist und nichts der Rede Wertes im Meere wächst, noch es irgend etwas Vollkommenes darin gibt, sondern nur Klüfte und Sand und unendlichen Kot und Schlamm, wo es noch Erde gibt, und nichts, was irgend mit unsern Schönheiten könnte verglichen werden; jenes aber würde wiederum noch weit vorzüglicher sich zeigen vor dem unsrigen. Und darf man wohl eine schöne Erzählung vorbringen, Simmias, so lohnt es wohl zu hören, wie das auf der Erde unter dem Himmel beschaffen ist. – Gewiß, sprach Simmias, werden wir diese Erzählung gern hören, o Sokrates. –

Man sagt also zuerst, o Freund, diese Erde sei so anzusehen, wenn sie jemand von oben herab betrachtete, wie die zwölfteiligen ledernen Bälle, in so bunte Farben geteilt, von denen unsere Farben hier gleichsam Proben sind, alle die, deren sich die Maler bedienen. Dort aber bestehe die ganze Erde aus solchen und noch weit glänzenderen und reineren als diese. Denn ein Teil sei purpurrot und wunderbar schön, ein anderer goldfarbig, ein anderer weiß, aber viel weißer als Alabaster oder Schnee, und ebenso aus jeder anderen Farbe bestehe einer, und aus noch mehreren und schöneren, als wir gesehen haben. Denn selbst diese Höhlungen der Erde, welche mit Wasser und Luft angefüllt sind, bilden eine eigne Art von Farbe, welche in der Vermischung aller anderen Farben glänzt, so daß sie ganz und gar als ein ununterbrochenes Bunt erscheint. Auf dieser nun, die so beschaffen ist, wachsen verhältnismäßig ebensolche Gewächse, Bäume, Blumen und Früchte. Ebenso haben auch die Gebirge und die Steine nach demselben Verhältnis ihre Vollendung und Durchsichtigkeit und schönere Farben, von denen aber auch unsere so sehr gesuchten Steinchen hier Teile sind, die Karneole und Jaspise und Smaragden und alle dergleichen; dort aber sei nichts, was nicht so wäre und noch schöner als diese. Die Ursache hiervon aber sei, daß jene Steine rein sind und nicht angefressen noch verwittert wie die hiesigen von Fäulnis und Salzwasser, von dem, was hier zusammenfließt und Steinen und Erden und allen Gewächsen und Tieren Entstellungen und Krankheiten verursacht. Die Erde also sei mit all diesem geschmückt, und außerdem noch mit Gold und Silber und dem übrigen der Art, welches glänzend dort zu finden sei und in großer Menge wachse und überall auf der Erde, so daß sie zu schauen ein beseligendes Schauspiel sei. Tiere aber gebe es auf ihr vielerlei und auch Menschen, welche teils mitten im Lande wohnen, teils so um die Luft herum wie wir um das Meer, teils auch auf luftumflossenen Inseln um das feste Land her. Und mit einem Worte, was uns Wasser und Meer ist für unsere Bedürfnisse, das sei Jenen dort die Luft, und was uns die Luft, das jenen der Äther.

Und die Witterung habe eine solche Mischung bei ihnen, daß sie ohne Krankheit wären und weit längere Zeit lebten als die hiesigen, und ihr Gesicht, ihr Gehör und ihre Einsicht, und was sonst dahin gehört, ständen von dem unsrigen in demselben Maße ab, wie die Luft vom Wasser absteht und der Äther von der Luft in Hinsicht auf Reinheit. Auch hätten sie weiter Tempel und Heiligtümer für die Götter, in denen aber die Götter wahrhaft wohnen, und Stimmen, Weissagungen und Erscheinungen der Götter, und solcherart sei ihr Verkehr mit ihnen, von Angesicht zu Angesicht; und Sonne, Mond und Sterne sähen sie, wie sie wirklich sind, und dem sei auch ihre übrige Glückseligkeit gemäß.

So demnach sei die ganze Erde geartet und was sie umgibt; rund umher auf ihr aber gebe es nach Maßgabe ihrer Höhlung viele Orte, einige tiefer und weiter geöffnet als der, in welchem wir wohnen, andere wiederum tiefer, aber mit einer engeren Öffnung, als die unser Ort hat; und welche sind wohl auch flacher und dabei doch breiter als der hiesige. Alle diese nun wären unter der Erde gegeneinander durchgebohrt, enger und weiter, so daß sie Durchgänge haben unter sich, durch welche dann vieles Wasser aus einem in den andern fließt, wie in Becher, und daß es unversiegliche Ströme von unübersehbarer Größe unter der Erde gebe von warmen Wassern und kalten, und vieles Feuer und große Ströme von Feuer, viele auch von feuchtem Schlamm, teils reinerem, teils schmutzigerem, wie in Sizilien die vor dem Feuerstrome sich ergießenden Ströme von Schlamm und der Feuerstrom selbst, von denen dann alle Örter erfüllt werden, je nachdem jedesmal jeder seinen Umlauf nimmt. Und dieses alles bewege hinauf und hinunter gleichsam eine in der Erde befindliche Schaukel; diese Schaukel aber bestehe durch folgende Einrichtung ungefähr. Einer nämlich von diesen Erdspalten ist auch sonst der größte und quer durch die ganze Erde gebohrt. Dieser ist nun, wie Homeros davon singt, »Ferne, wo tief sich öffnet der Abgrund unter der Erde«, derselbe, den anderwärts er und auch sonst viele andere Dichter den Tartaros genannt haben. In diesen Spalt nun strömen alle diese Flüsse zusammen und strömen auch wieder von ihm aus; und alle werden so wie der Boden, durch welchen sie strömen. Die Ursache aber, warum alle Ströme von hier ausfließen und auch wieder hinein, ist, daß diese Flüssigkeit keinen Boden hat und keinen Grund. Daher schwebt sie und wogt immer auf und ab, und die Luft und der Hauch um sie her tut dasselbe. Denn dieser begleitet sie, sowohl wenn sie in die jenseitigen Gegenden der Erde strömt, als wenn in die diesseitigen. Und so wie der Hauch der Atmenden in beständiger Bewegung immer einströmt und ausströmt: so auch dort bildet der mit der Flüssigkeit wogende Hauch heftige und gewaltige Winde sowohl im Hineingehen als im Herausgehen. Wenn nun strömend das Wasser nach der Gegend hin ausweicht, welche unten genannt wird: so fließt es in das Gebiet der dortigen Ströme und füllt es an wie beim Pumpen. Wenn es aber von dort wiederum sich wegzieht und hierher strömt, so erfüllt es dann die hiesigen. Diese, wenn sie erfüllt sind, strömen durch die Kanäle und durch die Erde; und wenn sie jeder in die Gegenden kommen, wohin sie jedesmal geleitet werden, so bilden sie Meere und Seen und Flüsse und Quellen. Von da tauchen sie nun wieder unter die Erde und, teils längere und mehrere

Gegenden durchziehend, teils wenigere und kürzere, ergießen sie sich alle wieder in den Tartaros, einige viel weiter unten, als wo sie ausgepumpt wurden, andere nicht soviel, aber unterhalb ihres Ausflusses fließen sie alle ein; und einige strömen wieder ein gerade gegenüber der Stelle, wo sie ausgeflossen sind, andere auf der nämlichen Seite. Ja es gibt auch welche, die im Kreise herumziehen, ein oder mehrere Male sich um die Erde winden wie Schlangen und dann, möglichst tief gesenkt, sich wieder hineinergießen. Möglich ist aber von beiden Seiten nur, sich bis zur Mitte herabzusenken, weiter nicht. Denn für beiderlei Ströme geht das jenseitige wiederum aufwärts.

So gibt es nun gar viele andere große und verschiedenartige Ströme, unter diesen vielen aber gibt es vorzüglich vier, von denen der größte und der am äußersten rund herum fließende der sogenannte Okeanos ist; diesem gegenüber und in entgegengesetzte Richtung fließend ist der Acheron, welcher durch viele andere wüste Gegenden fließt, vorzüglich aber auch unter der Erde fortfließend in den Acherusischen See kommt, wohin auch der meisten Verstorbenen Seelen gelangen, und nachdem sie gewisse bestimmte Zeiten dort geblieben, einige länger, andere kürzer, dann wieder ausgesendet werden zu den Erzeugungen der Lebendigen. Der dritte Fluß strömt aus zwischen diesen beiden und ergießt sich unweit seiner Quelle in eine weite, mit einem gewaltigen Feuer brennende Gegend, wo er einen See bildet, größer als unser Meer und siedend von Wasser und Schlamm. Von hier aus bewegt er sich dann im Kreise herum, trübe und schlammig, und indem er sich um die Erde herumwälzt, kommt er nächst anderen Orten auch an die Grenzen des Acherusischen

Sees, jedoch ohne daß ihre Gewässer sich vermischten. Und nachdem er sich oftmals unter der Erde umhergewälzt, ergießt er sich weiter unten in den Tartaros. Dies ist der, den man Pyriphlegethon nennt, von welchem auch die feuerspeienden Berge, wo sich deren auf der Erde finden, kleine Teilchen heraufblasen. Diesem wiederum gegenüber strömt der vierte aus, zuerst in eine furchtbare und wilde Gegend, wie man sagt, die von Farbe ganz und gar dunkelblau ist, welche sie die stygische nennen, und den See, welchen der Fluß bildet, den Styx. Nachdem sich dieser nun hier hineinbegeben und gewaltige Kräfte aufgenommen in sein Wasser, geht er unter die Erde, wälzt sich herum, kommt dem Pyriphlegethon gegenüber wieder hervor und trifft auf den Acherusischen See an der gegenüberliegenden Seite. Und auch dieser vermischt sein Wasser mit keinem andern, sondern geht ebenfalls im Kreise herum und ergießt sich wieder in den Tartaros gegenüber dem Pyriphlegethon. Sein Name aber heißt, wie die Dichter sagen, Kokytos.

Da nun dieses so ist, so werden, sobald die Verstorbenen an dem Orte angelangt sind, wohin der Dämon jeden bringt, zuerst diejenigen gerichtet, welche schön und heilig gelebt haben und welche nicht. Die nun dafür erkannt werden, einen mittelmäßigen Wandel geführt zu haben, begeben sich zum Acheron, besteigen die Fahrzeuge, die es da für sie gibt, und gelangen auf diesen zu dem See. Hier wohnen sie und reinigen sich, büßen ihre Vergehungen ab, wenn einer sich irgendwie vergangen hat, und werden losgesprochen, wie sie auch ebenso für ihre guten Taten den Lohn erlangen, jeglicher nach Verdienst. Deren Zustand aber für unheilbar erkannt wird wegen der Größe ihrer Vergehungen, weil sie häufigen und bedeutenden Raub an den Heiligtümern begangen oder viele ungerechte und gesetzwidrige Mordtaten vollbracht oder anderes, was dem verwandt ist, diese wirft ihr gebührendes Geschick in den Tartaros, aus dem sie nie wieder heraussteigen. Die hingegen zwar heilbare, aber doch große Vergehungen begangen zu haben befunden werden, wie die gegen Vater oder Mutter im Zorn etwas Gewalttätiges ausgeübt oder die auf diese oder andere Weise Mörder geworden sind, diese müssen zwar auch in den Tartaros stürzen, aber wenn sie hineingestürzt und ein Jahr darin gewesen sind, wirft die Welle sie wieder aus, die Mörder auf der Seite des Kokytos, die aber gegen Vater und Mutter sich versündigt, auf der des Pyriphlegethon. Wenn sie nun, auf diesen fortgetrieben, an den Acherusischen See kommen: so schreien sie da und rufen die, welche von ihnen getötet worden sind oder frevelhaft behandelt. Haben sie sie nun herbeigerufen, so flehen sie und bitten, sie möchten sie in den See aussteigen lassen und sie dort aufnehmen. Wenn sie sie nun überreden, so steigen sie aus, und ihre Übel sind am Ende; wo nicht, so werden sie wieder in den Tartaros getrieben und aus diesem wieder in die Flüsse, und so hört es nicht auf ihnen zu ergehen, bis sie diejenigen überreden, welchen sie unrecht getan haben; denn diese Strafe ist ihnen von den Richtern angeordnet. Die aber ausgezeichnete Fortschritte in heiligem Leben gemacht zu haben befunden werden, dies endlich sind diejenigen, welche, von allen diesen Orten im Innern der Erde befreit und losgesprochen von allem Gefängnis, hinauf in die reine Behausung gelangen und auf der Erde wohnhaft werden. Welche nun unter diesen durch Weisheitsliebe sich schon gehörig gereinigt haben, diese leben für alle künftigen Zeiten gänzlich ohne Leiber und kommen in noch schönere Wohnungen als diese, welche weder leicht wären zu beschreiben, noch würde die Zeit für diesmal zureichen. Aber schon um dessentwillen, was wir jetzt auseinandergesetzt haben, o Simmias, muß man ja wohl alles tun, um der Tugend und Vernunft im Leben teilhaftig zu werden. Denn schön ist der Preis und die Hoffnung groß.

Daß sich nun dies alles gerade so verhalte, wie ich es auseinandergesetzt, das ziemt wohl einem vernünftigen Mann nicht zu behaupten; daß es jedoch sei es nun diese oder eine ähnliche Bewandtnis haben muß mit unseren Seelen und ihren Wohnungen, wenn doch die Seele offenbar etwas Unsterbliches sei, dies, dünkt mich, zieme sich gar wohl und lohne auch, es darauf zu wagen, daß man glaube, es verhalte sich so. Denn es ist ein schönes Wagnis, und man muß mit solcherlei gleichsam sich selbst besprechen. Darum spinne ich auch schon so lange an der Erzählung. Also um dessentwillen muß ein Mann guten Mutes sein seiner Seele wegen, der im Leben die andern Lüste, die es mit dem Leibe zu tun haben, und dessen Schmuck und Pflege hat fahren lassen als etwas ihn selbst nicht Angehendes und wodurch er nur Übel ärger zu machen befürchtete, jener Lust hingegen an der Forschung nachgestrebt und seine Seele geschmückt hat nicht mit fremden, sondern mit dem ihr eigentümlichen Schmuck, Besonnenheit, Gerechtigkeit, Tapferkeit, Edelmut und Wahrheit, so seine Fahrt nach der Unterwelt erwartend, um sie anzutreten, sobald das Schicksal rufen wird. – Ihr nun, setzte er hinzu, o Simmias und Kebes und ihr übrigen, werdet ein andermal jeder zu seiner Zeit abgehen; mich aber ruft jetzt schon, würde ein tragischer Mann sagen, das Geschick, und es ist wohl beinahe Zeit, sich nach dem Bade umzusehen. Denn es dünkt mich doch besser zu baden, ehe ich den Trank nehme, und nicht hernach den Weibern Mühe zu machen mit dem Waschen des Leichnams.

Als er dieses gesagt, sprach Kriton: Wohl, o Sokrates! Was aber trägst du diesen oder mir auf deiner Kinder wegen, oder was wir sonst irgend dir noch recht zu Dank machen könnten, wenn wir es täten? – Was ich immer sage, sprach er, o Kriton, nichts Besonderes weiter, daß nämlich, wenn ihr euer selbst recht wahrnehmt, ihr mir und den Meinigen und euch selbst alles zu Dank machen werdet, was ihr nur tut, und wenn ihr es auch jetzt nicht versprecht; wenn ihr aber euch selbst vernachlässigt und nicht gleichsam den Spuren des jetzt und sonst schon Gesagten nachgehen wollt im Leben, daß ihr dann, wenn ihr auch jetzt noch so vieles und noch so heilig verspprächet, doch nichts weiter damit ausrichten werdet. *Phaidon* 107c–115c

VII
Der Tod des Meisters

Sokrates stand auf und ging in ein Gemach, um zu baden, und Kriton begleitete ihn, uns aber hieß er dableiben. Wir blieben also und redeten untereinander über das Gesagte und überdachten es noch einmal; dann aber auch klagten wir wieder über das Unglück, welches uns getroffen hätte, ganz darüber einig, daß wir nun gleichsam des Vaters beraubt als Waisen das übrige Leben hinbringen würden. Nachdem er nun gebadet und man seine Kinder zu ihm gebracht hatte – er hatte nämlich zwei kleine Söhne und einen größern – und die ihm angehörigen Frauen gekommen waren, sprach er mit ihnen in Kritons Beisein, und nachdem er ihnen aufgetragen, was er wollte, hieß er die Weiber und Kinder wieder gehen, er aber kam zu uns. Und es war schon nahe am Untergange der Sonne, denn er war lange drinnen geblieben. – Als er nun gekommen war, setzte er sich nieder nach dem Bade und hatte noch nicht viel seitdem gesprochen, so kam der Diener der Elfmänner, stellte sich zu ihm und sagte: O Sokrates, über dich werde ich mich nicht zu beklagen haben, wie über andere, daß sie mir böse werden und mir fluchen, wenn ich ihnen ansage, das Gift zu trinken auf Befehl der Oberen. Dich aber habe ich auch schon sonst in dieser Zeit erkannt als den edelsten, sanftmütigsten und trefflichsten von allen, die sich jemals hier befunden haben, und auch jetzt weiß ich sicher, daß du nicht mir böse sein wirst, denn du weißt wohl, wer schuld daran ist, sondern jenen. Nun also, denn du weißt wohl, was ich dir zu sagen gekommen bin, lebe wohl, und suche so leicht als möglich zu tragen, was nicht zu ändern ist. Da weinte er, wendete sich um und ging. – Sokrates aber sah ihm nach und sprach: Auch du lebe wohl, und wir wollen so tun. Und zu uns sagte er: Wie fein der Mensch ist. So ist er die ganze Zeit mit mir umgegangen, hat sich bisweilen mit mir unterredet und war der beste Mensch; und nun, wie aufrichtig beweint er mich! Aber wohlan denn, o Kriton, laßt uns ihm gehorchen, und bringe einer den Trank, wenn er schon ausgepreßt ist, wo nicht, so soll ihn der Mensch bereiten. – Da sagte Kriton: Aber mich dünkt, o Sokrates, die Sonne scheint noch an die Berge und ist noch nicht untergegangen. Und ich weiß, daß auch andere erst ganz spät getrunken haben, nachdem es ihnen angesagt worden ist, und haben noch gut gegessen und getrunken, ja einige haben gar noch Schöne zu sich kommen lassen, nach denen sie Verlangen hatten. Also übereile dich nicht; denn es hat noch Zeit. – Da sagte Sokrates: Gar recht, o Kriton, hatten jene, so zu tun, wie du sagst – denn sie meinten etwas zu gewinnen, wenn sie so täten –, und gar recht habe auch ich, nicht so zu tun. Denn ich meine nichts zu gewinnen, wenn ich um ein weniges später trinke, als nur daß ich mir selbst lächerlich vorkommen würde, wenn ich am Leben klebte und sparen wollte, wo nichts mehr ist. Also geh, sprach er, folge mir und tue nicht anders. –

Darauf winkte denn Kriton dem Knaben, der ihm zunächst stand, und der Knabe ging heraus, und nachdem er eine Weile weggeblieben, kam er und führte den herein, der ihm den Trank reichen sollte, welchen er schon zubereitet im Becher brachte. – Als nun Sokrates den Menschen sah, sprach er: Wohl, Bester,

Der Tod des Sokrates
Gemälde von Jacques-Philip-Joseph de Saint-Quentin, 1762
(Paris, École des Beaux-Arts)

denn du verstehst es ja, wie muß man es machen? – Nichts weiter, sagte er, als wenn du getrunken hast, herumgehen, bis dir die Schenkel schwer werden, und dann dich niederlegen, so wird es schon wirken. Damit reichte er dem Sokrates den Becher, und dieser nahm ihn, und ganz getrost, o Echekrates, ohne im mindesten zu zittern oder Farbe oder Gesichtszüge zu verändern, sondern, wie er pflegte, ganz gerade den Menschen ansehend, fragte er ihn: Was meinst du von dem Trank wegen einer Spendung? Darf man eine machen oder nicht? – Wir bereiten nur soviel, o Sokrates, antwortete er, als wir glauben, daß hinreichend sein wird. – Ich verstehe, sagte Sokrates. Beten aber darf man doch zu den Göttern und muß es, daß die Wanderung von hier dorthin glücklich sein möge, worum denn auch ich hiermit bete, und so möge es geschehen. Und wie er dies gesagt, setzte er an, und ganz frisch und unverdrossen trank er aus. Und von uns waren die meisten bis dahin ziemlich imstande gewesen sich zu halten, daß sie nicht weinten; als wir aber sahen, daß er trank und getrunken hatte, nicht mehr. Sondern auch mir selbst flossen Tränen mit Gewalt, und nicht tropfenweise, so daß ich mich verhüllen mußte und mich ausweinen, nicht über ihn jedoch, sondern über mein eigenes Schicksal, was für eines Freundes ich nun sollte beraubt werden. Kriton war noch eher als ich, weil er nicht vermochte die Tränen zurückzuhalten, aufgestanden. Apollodoros aber hatte schon früher nicht aufgehört zu weinen, und nun brach er völlig aus, weinend und unwillig sich gebärdend, und es war keiner, den er nicht durch sein Weinen erschüttert hätte, von allen Anwesenden als nur Sokrates selbst. Der aber sagte: Was macht ihr doch, ihr wunderbaren Leute! Ich habe vorzüglich deswegen die Weiber weggeschickt, daß sie dergleichen nicht begehen möchten; denn ich habe immer gehört, man müsse stille sein, wenn einer stirbt. Also haltet euch ruhig und wacker. Als wir das hörten, schämten wir uns und hielten inne mit Weinen. Er aber ging umher, und als er merkte, daß ihm die Schenkel schwer wurden, legte er sich gerade hin auf den Rücken, denn so hatte es ihm der Mensch geheißen. Darauf berührte ihn ebendieser, der ihm das Gift gegeben hatte, von Zeit zu Zeit und untersuchte seine Füße und Schenkel. Dann drückte er ihm den Fuß stark und fragte, ob er es fühle; er sagte nein. Und darauf die Knie, und so ging er immer höher hinauf und zeigte uns, wie er erkaltete und erstarrte. Darauf berührte er ihn noch einmal und sagte, wenn ihm das bis ans Herz käme, dann würde er hin sein. Als ihm nun schon der Unterleib fast ganz kalt war, da enthüllte er sich, denn er lag verhüllt, und sagte, und das waren seine letzten Worte: O Kriton, wir sind dem Asklepios einen Hahn schuldig, entrichtet ihm den, und versäumt es ja nicht. – Das soll geschehen, sagte Kriton, sieh aber zu, ob du noch sonst etwas zu sagen hast. Als Kriton dies fragte, antwortete er aber nichts mehr, sondern bald darauf zuckte er, und der Mensch deckte ihn auf; da waren seine Augen gebrochen. Als Kriton das sah, schloß er ihm Mund und Augen.

Dies, o Echekrates, war das Ende unseres Freundes, des Mannes, der unserm Urteil nach von den damaligen, mit denen wir es versucht haben, der trefflichste war, und auch sonst der vernünftigste und gerechteste.

Phaidon 116a–118a

VIII
Bericht aus dem Jenseits

Doch will ich dir nicht ein Märchen wie Odysseus vor Alkinoos erzählen, sondern die Geschichte eines trefflichen Mannes, des Er, Sohnes des Armenios, von Geburt ein Pamphylier. Er war im Krieg gefallen; als man am zehnten Tag die schon verwesten Leichen auflas, fand man ihn noch unversehrt; man schafft ihn nach Hause; da man ihn am zwölften Tag bestatten will, wacht er auf dem Scheiterhaufen auf und erzählt, dem Leben wiedergegeben, was er im Jenseits gesehen hat. Und er sprach: Als ihn seine Seele verlassen, zog sie mit vielen dahin und kam an einen wunderbaren Ort, wo sich zwei Schlünde in der Erde zeigten, nahe beieinander, und zwei andere am Himmel gegenüber. Dazwischen saßen Richter, die nach ihrer richterlichen Entscheidung den Gerechten befahlen, den Weg zur Rechten und hinauf durch den Himmel zu gehen, nachdem sie ihnen die Zeichen ihres Spruches vorn an die Brust geheftet hatten. Die Ungerechten schickten sie den Weg nach links und unten, auch sie mit den Zeichen all ihrer Taten versehen, aber auf dem Rücken. Als er selber hinkam, sagten sie ihm, er müsse Bote werden den Menschen über das Jenseits, und sie befahlen ihm, zu hören und zu schauen alles, was dort war. So sah er dort durch je einen Schlund der Erde und des Himmels die Seelen entschwinden, da sie ihr Urteil erhalten; aus den anderen Schlünden sah er sie teils aus der Erde aufsteigen, voll Schmutz und Staub, aus dem andern vom Himmel herabkommen in klarer Reinheit.

Alle Ankommenden erweckten den Anschein, von einer langen Reise zu kommen, traten freudig auf die Wiese und lagerten sich wie in einer Festversammlung, begrüßten einander, soweit sie sich kannten, und fragten einander: die aus der Erde kamen, über die Dinge oben, und die vom Himmel über die Dinge bei jenen. Und sie erzählten einander, die einen unter Tränen und Klagen, da sie daran dachten, wieviel und wie vielerlei sie erlitten und gesehen auf der Wanderung unter der Erde – sie dauerte aber tausend Jahre –, die andern wieder, die aus dem Himmel, erzählten vom herrlichen Leben und der unerhörten Pracht des Geschauten. Das alles zu erzählen, mein Glaukon, dauerte zu lange. Nur das Allerwichtigste ist dies: Für jede Ungerechtigkeit und für jeden Menschen, dem sie Unrecht getan, wurden sie der Reihe nach bestraft, für jeden einzelnen Fehler zehnmal, und jede Strafe dauert hundert Jahre, da dies die Zeit eines menschlichen Lebens ist, damit sie so die zehnfache Buße für ihre Untaten büßen. Und wenn jemand am Tod vieler Leute schuld ist, ob er nun Staaten verraten oder Heere, ob er sie in die Sklaverei verkauft hat oder sonst an einem Verbrechen mitschuldig war, für all dies erlitt er je zehnfache Schmerzen; wenn sie aber Wohltaten erwiesen hatten und gerecht und ehrfürchtig gewesen, erhielten sie in derselben Weise den würdigen Lohn. Über die gleich nach der Geburt oder als Kinder Verstorbenen erzählte er anderes, was nicht der Erwähnung wert ist. Für Frevel oder Ehrfurcht gegen Götter und Eltern und für Menschenmord gibt es noch höhere Strafen und Belohnungen. Er stand dabei, wie einer den andern fragte, wo denn der große Ardiaios sei. Dieser war ein Tyrann in einer Stadt Pamphyliens gewesen, schon tausend Jahre vor dieser Zeit, hatte den greisen Vater gemordet und den älteren Bruder, und sonstige zahlreiche Freveltaten verbrochen, wie man erzählte. Da antwortete der Gefragte: ›Er kommt nicht und wird nie hierher kommen.

Denn unter den furchtbarsten Bildern sahen wir auch dieses: wir standen nahe dem Schlund und wollten schon hinaufsteigen; denn wir hatten die übrigen Leiden schon hinter uns; da sahen wir plötzlich jenen und auch andere, zumeist Tyrannen; es gab auch gewöhnliche Bürger dort, die schwere Verbrechen begangen hatten. Sie glaubten schon, hinaufsteigen zu können, doch der Schlund nahm sie nicht auf, sondern brüllte auf, sooft einer der Unheilbaren oder einer, der noch nicht hinreichend gebüßt hatte, den Aufstieg versuchte. Da standen nun wilde Männer, feuerrot anzusehen, die das Gebrüll wohl verstanden; sie ergriffen und führten die einen weg, den Ardiaios und andere fesselten sie an Händen und Füßen und Kopf, warfen sie nieder, zogen ihnen die Haut ab, zerrten sie vom Weg herab und zerschunden sie an Dornbüschen; allen Vorübergehenden erklärten sie dazu, warum dies geschehe und daß sie in den Tartaros geschleudert würden.‹ – Unter den mannigfachen und vielen Schrecken dort war dies der größte – erzählte er –, die Angst, es könnte ja das Brüllen ertönen, wenn man aufwärts ging, und wenn es schwieg, ging jeder voll Freude hinauf. Solcherart sind die Strafen und Züchtigungen und andrerseits gibt es wieder entsprechende Belohnungen. – Als sie ein jeder auf der Wiese sieben Tage verweilt hatten, mußten sie am achten Tag aufbrechen. Nach vier Tagen kamen sie an einen Ort, von wo sie ein Licht erblickten, das sich von oben durch den ganzen Himmel und die Erde spannte, ganz gerade wie eine Säule, ganz ähnlich einem Regenbogen, nur prächtiger und klarer; nach einem weiteren Tag kamen sie zu ihm, und dort, in der Mitte des Lichtes, sahen sie die Enden seiner Bänder an den Himmel gebunden. Dieses Licht ist nämlich das Band des Himmels, ähnlich den Gurten der Kriegsschiffe, und hält das ganze schwingende Gewölbe zusammen. An diesen Enden ist die Spindel der Notwendigkeit befestigt, durch die alle Umdrehungen geschehen. Schaft und Widerhaken sind aus Stahl, der Wirtel aber gemischt aus Stahl und anderen Stoffen. Die Beschaffenheit des Wirtels ist folgende: Die äußere Form entspricht der unserer Wirtel; seinen Worten muß man entnehmen, daß er so aussieht, wie wenn in einem großen und durch und durch ausgehöhlten Wirtel ein anderer kleinerer drinnen sei, der so gut wie ein Eimer in den andern hineinpasse; und ebenso ein dritter, vierter und weitere vier. Im ganzen sind es nämlich acht Wirtel, die ineinandergefügt sind und von oben ihre Ränder wie Kreise erscheinen lassen, um den Schaft aber die zusammenhängende Fläche eines einzigen Wirtels bilden; der Schaft ist mitten durch den achten Wirtel hindurchgetrieben. Der erste und äußerste Wirtel hat den breitesten Randkreis, dann folgt in der Breite der sechste, dann der vierte, hierauf der achte, siebente, fünfte, dritte und zuletzt der zweite Wirtel. Der Kreis des größten ist bunt, der des siebten am prächtigsten, der achte hat die Farbe des siebten, der ihn beleuchtet, die Kreise des zweiten und fünften sind einander ähnlich, doch heller als jene, der dritte hat die weißeste Farbe, der vierte ist rötlich, der sechste am zweithellsten. Die ganze Spindel schwingt sich in einer Kreisbewegung, jedoch die inneren sieben Wirtel schwingen bei dieser Drehung langsam in umgekehrter Richtung. Am schnellsten bewegt sich der achte, am zweitschnellsten und zugleich miteinander der siebte, sechste und fünfte, am drittschnellsten bewegt sich, wie es ihnen erschien, der vierte, dann der dritte und zweite. Die Spindel aber dreht sich im Schoß der Notwendigkeit. Oben auf jedem der Kreise steht eine Sirene, die sich mitdreht und einen einzigen Ton von sich gibt. Aus allen acht klingt eine einzige Symphonie zusammen. Ringsum in gleichen Abständen auf je einem Thron sitzen die drei Töchter der Notwendigkeit, die Moiren, in weißem Gewande, mit heiligen Binden im Haar: Lachesis, Klotho und Atropos. Sie stimmen ihr Lied zum Gesang der Sirenen an, Lachesis über die Vergangenheit, Klotho über die Gegenwart und Atropos über die Zukunft. Und Klotho greift mit der rechten Hand an die Spindel und hilft der äußeren Umdrehung nach, immer wieder unterbrechend, ebenso mit der linken Hand an der inneren Umdrehung. Lachesis aber greift von Zeit zu Zeit in beide ein, bald da, bald dort.

Als sie dorthin kamen, mußten sie sofort zu Lachesis gehen. Ein Götterherold stellte sie der Reihe nach auf, dann nahm er vom Schoße der Lachesis Lose und Lebensabbilder, schritt auf eine hohe Bühne und sprach: ›Der Jungfrau Lachesis, der Tochter der Notwendigkeit, Spruch: Eintagsseelen! Ein Beginn des zweiten tödlichen Umlaufs des sterblichen Geschlechts! Nicht euch wird ein Daimon erkiesen, sondern ihr wählt euch euren Daimon! Wer als erster kiest, wähle als erster das Leben, mit dem er zusammenbleiben wird unwiderruflich! Die Vollkommenheit aber ist herrenlos; wer sie ehrt oder schmäht, hat mehr oder weniger von ihr. Des Wählenden ist die Schuld, Gott ist schuldlos!‹ – Nach diesen Worten warf er ihnen allen die Lose zu, und jeder las das Los auf, das zu ihm gefallen war; nur er selber durfte nicht. Wer es aufhob, wußte, der wievielte er war. Hierauf stellte der Herold die Lebensbilder vor sie hin auf die Erde, viel mehr, als Seelen anwesend waren; sie waren mannigfacher Art; Lebensbilder aller Tiere und alle menschlichen Lebensformen; Bilder von Tyrannenleben waren darunter, solche, die das ganze Leben umfaßten, andere in der Mitte abgebrochen, in Armut, Flucht und Bettelei endend. Aber auch Lebensbilder berühmter Männer, berühmt die einen wegen ihrer äußeren Erscheinung in Schönheit, Kraft und Kampftüchtigkeit, andere auf Grund ihrer Abkunft und der Vorzüge ihrer Vorfahren; dazu Bilder unberühmter Männer, und ebenso bei den Frauen. Eine bestimmte Ordnung der Seele gab es da nicht, weil jede je nach ihrer Lebenswahl anders werden muß. Alles übrige ist jedoch untereinander vermischt und mit Reichtum und Armut, Krankheit und Gesundheit bunt versehen, manches liegt auch in der Mitte von beiden. Hier besteht nun, mein lieber Glaukon, die größte Gefahr für den Menschen, und deshalb muß man sich darum am meisten sorgen: jeder von uns muß alle andern Wissenschaften beiseite lassen und nur in dieser einen Schüler und Forscher sein, wenn er überhaupt fähig ist, durch Lernen herauszufinden, welche Wissenschaft ihm die Kraft und die Erkenntnis gibt, gutes und schlechtes Leben zu unterscheiden, aus den möglichen Formen die bessere immer und überall zu wählen; wobei er alle unsere Darlegungen überdenkt, vergleicht und nach ihrem Wert für die Lebensvollkommenheit aufgliedert und genau weiß, was Schönheit im Verein mit Armut und Reichtum erwirkt und mit welcher Seelenhaltung sie Gutes oder Schlechtes schafft; ferner was edle und unedle Abkunft, privates oder öffentliches Leben, Kraft und Schwäche, Klugheit und Torheit, kurz alle natürlichen Anlagen und erworbenen Haltungen der Seele in gegenseitiger Vermischung bewirken, so daß er aus allen mit Überlegung wählen kann. Das Auge auf das Wesen der Seele, scheidet er das schlechtere vom besseren Leben; schlechter nennt er jenes, das die Seele zur Ungerechtigkeit führt, besser aber das andere, das sie zur Gerechtigkeit führt; alles andere läßt er außer acht. Denn dies ist, so haben wir gesehen, fürs Leben wie den Tod die beste Wahl. Wie Stahl so fest muß dieser Glaube sein, damit sein Träger auch im Hades, wenn er dort hinabkommt, unerschüttert bleibt von Reichtum und anderen Übeln, damit er nicht dem Leben der Tyrannen und ähnlicher verfalle und viele unheilbare Verbrechen begehe, selbst aber noch größere erleide, sondern damit er verstehe, immer den mittleren dieser Lebenswege zu wählen und zu fliehen vor dem Übermaß in beiden Richtungen, hier in diesem Leben, so gut es nur geht, und im ganzen jenseitigen. Denn so wird der Mensch am glücklichsten.

Auch jetzt habe, so berichtete der Bote aus dem Jenseits, der Götterherold so gesprochen: ›Auch für den letzten – wählt er nur mit Vernunft und lebt streng danach – liegt ein Leben bereit, liebenswert, nicht schlecht. Weder wähle der erste sorglos noch der letzte mutlos!‹ Sofort nach diesen Worten trat der erste vor und wählte die größte Tyrannis; aus Unvernunft und Heißhunger und ohne hinreichenden Bedacht wählte er und sah nicht in seinem Schicksal mitgegeben das Auffressen seiner Kinder und andere Scheußlichkeiten. Doch als er in Ruhe überlegte, da schlug er sich an die Brust und beklagte die Wahl, da er die vorhergesprochenen Worte des Herolds nicht beachtet hatte; denn nicht sich beschuldigte er ob seines Unglücks, sondern das Schicksal, die Götter und alles eher denn sich. Er gehörte aber zu denen, die vom Himmel herabgekommen waren, da er sein früheres Leben in wohlgeordneter Verfassung verbracht und ohne tiefere Kenntnisse nur durch Gewöhnung an der Tüchtigkeit teilgehabt hatte. Um es offen zu sagen: Nicht wenige der vom Himmel herabgekommenen Seelen lassen sich in solcher Lage übertölpeln, weil sie an Leiden nicht gewöhnt sind. Die Mehrzahl der Seelen, die aus der Erde hervorkommen, wählen nicht im Sturmschritt, weil sie die Leiden an sich erfahren und an anderen gesehen haben. Dies und auch der Zufall des Loses tragen Schuld an dem Wechsel zwischen Glück und Unglück im Leben der meisten. Denn wenn ein Mensch, sooft er in dieses Leben eintritt, vernünftig dem Erkenntnisdrang lebt, und wenn ihm nicht unter den letzten das Los der Wahl zufällt, dann lebt er – nach den Berichten aus jener Welt – nicht nur hier glücklich, sondern er geht auch auf seinen Wanderungen von hier hinüber und wieder zurück nicht einen rauhen Erdenweg, sondern eine glatte Himmelsstraße. – Dies ist aber, so erzählte er, ein sehenswerter Anblick, wie die einzelnen Seelen ihr Leben wählen, erbarmungswürdig und lächerlich und wunderbar zugleich. Zumeist folgen sie der Gewohnheit ihres früheren Lebens. So sah er die Seele des früheren Orpheus, wie sie das Leben des Schwans wählte; denn aus Haß gegen das weibliche Geschlecht wegen des Todes, den sie von ihm erlitten hatte, wollte sie nicht wieder von einer Frau geboren werden. Die Seele des Thamyras wählte, wie er sah, das Leben einer Nachtigall; ein Schwan wieder wählte die Form des menschlichen Lebens, und andere musische Tiere ebenso. Die zwanzigste Seele wählte das Leben eines Löwen; es war die Seele des Telamoniers Aias, die es ablehnte, Mensch zu werden, eingedenk des Urteils über die Waffen. Nach ihr kam die Seele des Agamemnon; aus Haß gegen das Menschengeschlecht ob ihrer früheren Leiden tauschte sie sich das Leben des Adlers ein. Als die Seele der Atalante, die in der Mitte zum Losen kam, die großen Ehrungen eines Wettkämpfers sah, konnte sie nicht vorbeigehen, sondern wählte sie. Nach dieser sah er die Seele des Epeios, des Sohnes des Panopeus, in die Gestalt einer kunstfertigen Frau eingehen. Ganz zum Schluß erblickte er die Seele des Spaßmachers Thersites, wie sie in einen Affen hineinschlüpfte. Zufällig schritt dem Los gemäß als allerletzte die Seele des Odysseus zur Wahl; durch die Erinnerung an ihre früheren Leiden von ihrem Ehrgeiz erlöst, ging sie lange herum und suchte das Leben eines geruhsamen Privatmenschen und fand es mit Mühe irgendwo liegen, unbeachtet von den andern; als sie es sah, sagte sie, sie hätte, auch wenn sie als erste gewählt, genau dasselbe getan, und sie war froh über ihre Wahl. Auch sonst noch gingen Tiere zu Menschen oder Tieren über, ungerechte in wilde, gerechte in zahme; alle Arten der Mischung gab es dort. – Als nun alle Seelen ihr Leben gewählt hatten, gingen sie in der Reihe ihrer Wahl zu Lachesis; sie gab jedem den

Daimon, den er sich gewählt, als Wächter fürs Leben mit und als Vollstrecker der Wahl. Dieser führte die Seele zu Klotho, dicht an ihre Hand und die kreisende Spindel, um dort das gewählte Los gültig zu machen. Sie anfassend, führt er sie wieder zum Spinnrocken der Atropos, um das zugesponnene Schicksal unwiderruflich zu machen, von dort geht er geradewegs zum Thron der Notwendigkeit und durch ihn hindurch, und als alle an ihm vorbeigekommen, zogen sie zusamt auf die Ebene der Lethe durch furchtbare Hitze und Glut; denn es ist dies ein Land, leer von Bäumen und sonstigem Gewächs. Sie lagerten, da es Abend geworden, am Flusse Sorgenlos, dessen Wasser von keinem Gefäß gehalten wird. Ein Maß davon muß jeder trinken, die von aller Vernunft Verlassenen trinken übers Maß; wer aber dort trinkt, vergißt stets alles. Als sie schliefen und es Mitternacht wurde, begann es zu donnern und beben, und plötzlich wurden sie durcheinander gewirbelt hinauf zur Geburt, wie wenn Sternschnuppen fallen. Er selbst hatte vom Wasser nicht trinken dürfen; wie er allerdings wieder in den Leib gekommen sei, wisse er nicht, doch habe er plötzlich am Morgen die Augen geöffnet und sich auf dem Scheiterhaufen liegen gesehen. – Und so, mein Glaukon, wurde der Mythos bewahrt und ging nicht verloren, und er wird auch uns retten, wenn wir ihm folgen; wir werden den Lethefluß glücklich überschreiten und unsere Seele nicht beflecken. Nein, wenn wir alle meinem Rate folgen, glaubend an die Unsterblichkeit der Seele und ihre Kraft, alles zu ertragen, das Gute wie das Schlechte, dann werden wir immer den Weg nach oben beschreiten, werden Gerechtigkeit und Einsicht immerdar pflegen, damit wir uns selbst freund werden und allen Göttern, hier auf Erden und dann, wenn wir die Siegespreise der Gerechtigkeit davontragen, wie die Siegesträger, die ringsum Preise sammeln, und damit es uns wohl ergehe hier und auf unserer tausendjährigen Wanderschaft, die wir erzählt haben.« *Der Staat* X,614b–621d

IX

Drei Mythen

Gyges und sein Ring

Die Möglichkeit, von der ich spreche, wäre am besten dann gegeben, wenn die Menschen die Kraft hätten, wie sie der Sage nach Gyges, der Ahnherr des Lyders Kroisos, gehabt hat. Dieser stand nämlich als Hirt im Lohndienst bei dem damaligen Herrn von Lydien. Unter starkem Regen und Beben barst die Erde und auf seinem Weideplatz entstand ein Spalt. Da er dies voll Staunen sah, stieg er hinab und erblickte dort unter anderen wunderbaren Dingen, von denen die Sage erzählt, ein hohles Roß aus Erz mit kleinen Türen; als er sich hineinbeugte, sah er drinnen einen Mann, offenbar tot, überlebensgroß, ohne irgend etwas am Leib, nur mit einem goldenen Ring am Finger; ihn zog er ab und stieg heraus. Als sich die Hirten, wie gewöhnlich, zusammenfanden, um dem König den Monatsbericht über die Herden zu geben, kam auch er hin, mit dem Ring am Finger. Als er nun unter den anderen saß, drehte er zufällig den Stein des Ringes gegen sich ins Handinnere; dadurch wurde er seinen Nachbarn unsichtbar, und sie sprachen über ihn, als wäre er nicht da. Und er wunderte sich, faßte wieder den Ring und drehte den Ring nach auswärts: und schon war er wieder sichtbar. Und da er dies gewahr wurde, erprobte er die Kraft des Ringes und so geschah es ihm: drehte er den Stein nach innen, wurde er unsichtbar, drehte er nach außen, sah man ihn. Da er dies erkannte, erreichte er sofort die Wahl unter die Königsboten. Dort angekommen, verführte er die Gattin des Königs, verschwor sich mit ihr gegen den König, tötete ihn und ergriff die Macht. – Wenn es nun zwei solcher Ringe gäbe, und den einen sich der Gerechte, den andern der Ungerechte ansteckte, dann wäre wohl keiner aus solchem Stahl, daß er der Gerechtigkeit treu bliebe und es über sich brächte, von fremdem Gut abzustehen und es nicht zu berühren; wo er doch vom Markt ohne Angst und unbemerkt nach Belieben nehmen, in jedes beliebige Haus eintreten, mit jeder Frau verkehren, jedermann töten und aus dem Gefängnis befreien, kurz unter den Menschen wandeln könnte wie ein Gott. Bei solchem Vorgehen würde er sich in nichts von dem Ungerechten unterscheiden, sondern beide gingen denselben Weg. Dies wäre also – so könnte man sagen – ein gewichtiger Beweis dafür, daß man nur unter Zwang, nie also aus eigenem Willen gerecht handle, weil eben das Gerechte für den einzelnen kein Gut sei. Wo einer sich nur fähig fühle zum Unrecht, dort tue er es auch. Denn jedermann erwartet von der Ungerechtigkeit für sich persönlich viel größere Vorteile als von der Gerechtigkeit, und er hat recht, wie jedermann sagen wird, der über dieses Thema spricht. Denn wenn einer trotz einer so günstigen Gelegenheit kein Unrecht begeht und sich nicht an fremdem Gut vergreift, dann halten ihn alle, die ihn sehen, für den einfältigsten und törichtesten Menschen; aber voreinander würden sie ihn loben und sich belügen, nur aus Angst, ein Unrecht zu erleiden. – Soweit dies also.

Der Staat II,359c–360d

Als ich hörte, daß er zustimmte, faßte ich neuen Mut. Mein Selbstvertrauen kehrte allmählich wieder zurück, und ich lebte auf. Dann fuhr ich fort: »Ebenso ist es auch bei diesem Zauberspruch. Ich habe ihn bei meinem Kriegsdienst von einem der thrakischen Ärzte des Zalmoxis gelernt, von denen man sagt, sie könnten einem auch Unsterblichkeit verschaffen. Dieser Thraker gab den hellenischen Ärzten in dem eben Gesagten völlig recht. ›Aber unser König Zalmoxis‹, so erklärte er mir, ›der ein Gott ist, behauptet, wie man nicht die Augen ohne den Kopf und nicht den Kopf ohne den Körper zu heilen versuchen solle, genauso auch nicht den Körper ohne die Seele. Daß die hellenischen Ärzte den meisten Krankheiten gegenüber hilflos seien, liege lediglich daran, daß sie das Ganze vernachlässigten. Auf das Ganze aber müsse man seine Sorgfalt richten. Denn ohne sein Wohlergehen komme auch der Teil unmöglich in eine gute Verfassung. Von der Seele nämlich gehe alles Schlechte und Gute für den Körper und den ganzen Menschen aus und ströme ihm von dort zu wie vom Kopf zu den Augen. Die Seele also müsse man zuerst und am sorgfältigsten behandeln, wenn sich der Kopf und, was sonst zum Körper gehört, in einem guten Zustand befinden sollen. Die Seele aber, so fuhr Zalmoxis fort, werde mit bestimmten Zaubersprüchen behandelt, mein Lieber. Diese Zaubersprüche aber seien die schönen Worte. Durch derartige Worte entstehe in den Seelen die Gesundheit der Seele. Wenn sie erst einmal zustandegekommen sei und anwesend bleibe, könne man mit Leichtigkeit auch dem Kopf und dem übrigen Körper Gesundheit verschaffen.‹ Als mir der Arzt das Heilmittel und die Zaubersprüche beibrachte, schärfte er mir ein: ›Daß dich ja niemand überredet, mit diesem Mittel seinen Kopf zu behandeln, der dir nicht vorher seine Seele zur Behandlung mit diesem Spruch überlassen hat. Denn auch jetzt‹, fuhr der Thraker fort, ›machen die Menschen genau den Fehler, daß manche getrennt für eins von beidem, die Gesundheit der Seele und des Körpers, Ärzte zu sein versuchen.‹ Und er gab mir die sehr strenge Vorschrift, daß mich kein noch so reicher, vornehmer oder schöner Patient zu einem anderen Vorgehen überreden dürfe. Ich habe dem Thraker einen Eid geschworen und muß ihm gehorchen. Daher werde ich nun gehorchen. Wenn du also der Vorschrift dieses Fremden entsprechend zuerst deine Seele mit den Zaubersprüchen des Thrakers besprechen läßt, werde ich hinterher auch das Heilkraut auf deinen Kopf legen. Andernfalls aber wüßte ich nicht, was ich für dich tun könnte, lieber Charmides.«

Als Kritias dies von mir gehört hatte, rief er: »Geradezu ein Glückstreffer, Sokrates, wären die Kopfschmerzen ja für diesen jungen Mann, wenn er durch sie gezwungen wäre, auch an seiner Gesinnung besser zu werden. Ich versichere dir aber, daß sich Charmides nicht nur durch sein Aussehen vor seinen Altersgenossen auszeichnet, sondern auch dadurch, wofür du den Zauberspruch zu besitzen behauptest. Du behauptest doch, für die Besonnenheit, nicht wahr?«

»Ganz recht«, bestätigte ich ihm.

»Dann laß dir bitte sagen«, fuhr Kritias fort, »daß Charmides als der weitaus besonnenste von den jetzigen jungen Männern gilt und auch in den übrigen altersgemäßen Eigenschaften keinem nachsteht.«

»Es gehört sich auch so, Charmides«, sagte ich, »daß du die anderen in allen diesen Eigenschaften ausstichst. Denn ich glaube, kein anderer von den jungen Männern hier könnte eine Verbindung zweier athenischer Häuser vorweisen, aus der ein schönerer und vornehmerer Nachwuchs zu erwarten wäre, als die, aus denen du stammst [...].« *Charmides* 156d–157e

Die Schöpfung von Tier und Mensch

»Ja, mein Sokrates«, sagte er, »ich werde es euch nicht vorenthalten. Doch soll ich es euch – als Älterer den Jüngeren – demonstrieren, indem ich ein Märchen erzähle, oder indem ich es in einer Erörterung abhandle?«

Viele nun erwiderten ihm von denen, die dabeisaßen, wie immer er wolle, so möge er es abhandeln. »Es scheint mir also«, sprach er, »reizvoller zu sein, euch ein Märchen zu erzählen.

Es war einmal eine Zeit, da es Götter gab, sterbliche Arten aber nicht gab. Da auch für sie die Zeit kam, die schicksalsverhängte ihrer Zeugung, formen die Götter sie drunten in der Erde, aus Erde und Feuer mengend und allem, was aus Feuer und Erde gemischt wird. Da sie sie nun ans Licht bringen sollten, trugen sie Prometheus und Epimetheus auf, Fähigkeiten bereitzustellen und zuzuweisen, einem jeglichen, wie es ihm gebühre. Von Prometheus bedingt sich Epimetheus aus, selbst zuweisen zu dürfen: ›Habe ich zugewiesen‹, sprach er, ›so besichtige es!‹ Und so überredet er ihn und weist zu. Zuweisend versah er die einen mit Stärke ohne Schnelle, die Schwächeren stattete er aus mit Schnelle.

Die einen waffnete er, den andern gab er waffenlosen Wuchs, ersann ihnen eine andere Fähigkeit zur Rettung. Denn die er in Kleinwüchsigkeit kleidete, denen wies er gefiederte Flucht oder unterirdische Behausung zu; die er durch Größe mehrte, rettete er gerade dadurch. Und so alles übrige angleichend, wies er es zu. Dies aber ersann er, weil er auf der Hut war, daß nicht eine Art ausgetilgt würde. Da er nun ihnen vor wechselseitiger Vernichtung Entrinnen gewährt, ersann er Anpassung an die Wetter des Zeus, umhüllte sie mit dichtem Haar und zähem Fell, hinlänglich, um dem Winter, fähig, auch den Gluten zu wehren, und, wenn sie in ihre Lager gingen, daß zugleich hätte heimische und mitgewachsene Bedeckung ein jeglicher, und er beschuhte die einen mit Hufen, die andern mit Häuten, zähen und blutleeren. Sodann verschaffte er den einen diese, den andern jene Nahrung, den einen der Erde Pflanzwuchs, den andern der Bäume Früchte, wieder andern Wurzeln, einigen gar gab er zur Nahrung anderer Tiere Fraß. Und die einen versah er mit Zeugungsschwäche, die andern, von ihnen Hinweggerafften, mit Zeugungskraft, so Rettung für die Art schaffend. Da nun Epimetheus nicht eben sehr klug war, entging ihm, daß er die Fähigkeiten aufgebraucht für die vernunftlosen Wesen: übrig war schließlich, noch unausgestattet von ihm, das Menschengeschlecht, und er war ratlos, was er anfangen sollte. Wie er nun ratlos ist, kehrt ihm Prometheus wieder, die Zuweisung zu besichtigen, und sieht die übrigen Lebewesen sorgsam mit allem versehen, den Menschen aber nackt, unbeschuht, unbedeckt und unbewaffnet. Und schon war der schicksalsverhängte Tag da, an dem auch der Mensch hervortreten mußte aus der Erde ans Licht.

Von Ratlosigkeit ergriffen, welche Rettung er für den Menschen fände, stiehlt Prometheus von Hephaistos und Athene die technische Intelligenz mit dem Feuer – denn unmöglich könnte sie ohne Feuer für jemanden erwerbbar oder nützlich werden –, und so schenkt er sie schließlich dem Menschen. Die auf die Lebenshaltung gerichtete Intelligenz also empfing der Mensch auf selbige Art, die politische aber hatte er nicht: sie war nämlich bei Zeus. Doch Prometheus ward es nicht mehr vergönnt, bis in die Burg, die Behausung des Zeus, hineinzugelangen; zudem waren auch die Wachen des Zeus furchterregend. Aber in Athenes und Hephaistos' gemeinsame Werkstatt, in der sie Techniken erprobten, gelangt er unbemerkt hinein, stiehlt die Feuertechnik des Hephaistos und die andere der Athene und übergibt sie dem Menschen. Und seitdem erschließt sich dem Menschen Erfindungsreichtum des Lebens, Prometheus aber hat wegen Epimetheus später, wie überliefert wird, des Diebstahls Sühne ereilt.

Da der Mensch göttlicher Gabe teilhaftig ward, hat er zunächst wegen seiner Verwandtschaft mit dem Gott allein unter den Lebewesen an Götter geglaubt, und er unternahm es, Altäre zu errichten und Standbilder der Götter; ferner hat er Stimme und Namen rasch artikuliert – kraft seiner Befähigung – und Bauweisen, Gewänder, Schuhwerk, Decken und die aus der Erde stammenden Nahrungsmittel entdeckt. So endlich ausgestattet, wohnten die Menschen in ihren Anfängen zerstreut: Städte gab es noch nicht. Hinweggerafft wurden sie deshalb von den wilden Tieren, weil sie in allen Belangen schwächer waren als sie, und die handwerkliche Befähigung war ihnen zwar für die Ernährung eine hinlängliche Helferin, aber für den Krieg mit den Tieren unzureichend; denn die politische Befähigung hatten sie noch nicht, deren Teil die kriegerische Befähigung ist. Sie strebten schließlich, sich zu sammeln und zu retten, indem sie Städte gründeten. Sooft sie sich nun sammelten, vergingen sie sich aneinander, da sie die politische Befähigung nicht hatten, sodaß sie, sich wieder zerstreuend, zugrunde gingen. Zeus nun fürchtet um unser Geschlecht, es könnte vollends hinweggerafft werden, und sendet Hermes zu den Menschen mit Scham und Recht, auf daß sie würden der Städte Ordnung und Band, der Freundschaft Stifter. Da fragt Hermes den Zeus, auf welche Weise er Recht und Scham den Menschen bringen solle: ›Soll ich so, wie die Befähigungen zugewiesen sind, auch sie zuweisen? Zugewiesen sind sie folgendermaßen: einer, der die Heilbefähigung hat, ist hinreichend für viele Laien, und so auch bei den übrigen Handwerkern. Soll ich nun Recht und Scham ebenso unter die Menschen setzen oder allen zuweisen?‹ – ›Allen‹, sprach Zeus, ›und alle sollen teilhaben. Denn Städte könnten nicht entstehen, wenn nur wenige an ihnen teilhätten wie an anderen Befähigungen. Und bestimme auch als Gesetz von mir: wer nicht fähig ist, an Scham und Recht teilzuhaben, den töte man als Pest einer Stadt.‹

Daher also, mein Sokrates, und deswegen ist es so, daß alle andern und die Athener, sooft über baumeisterliche Tüchtigkeit die Debatte geht oder über irgendeine andere, handwerkliche, nur von wenigen glauben, sie trügen etwas bei zur Beratung, und wenn jemand, der außerhalb der wenigen steht, sie berät, ertragen sie ihn nicht, wie du behauptest – ganz selbstverständlich, wie ich behaupte. Sooft sie aber an eine Beratung auf dem Felde politischer Tüchtigkeit gehen, die sich voll-

ständig durch das Gebiet der Gerechtigkeit und Besonnenheit bewegen muß, ertragen sie selbstverständlich jedermann, da es jedem zukomme, zumindest an dieser Tüchtigkeit teilzuhaben, oder es könne keine Städte geben. Dies, mein Sokrates, ist davon die Ursache [...].«
Protagoras 320c–323a

Tiere nenne ich [...] überhaupt nicht tapfer, noch sonst irgendein Wesen, das das Schreckenerregende aus Unverstand nicht fürchtet, sondern das nenne ich furchtlos und töricht; oder denkst du, ich nenne auch all die Kinder tapfer, die aus Unverstand nichts fürchten? Vielmehr glaube ich, furchtlos und tapfer ist nicht dasselbe. Tapferkeit und Voraussicht finden sich aber nach meiner Meinung nur bei ganz wenigen, Verwegenheit und Wagemut dagegen und Furchtlosigkeit ohne Voraussicht bei recht vielen, Männern wie Frauen, Kindern und Tieren. Das also, was du wie die meisten Menschen tapfer nennst, nenne ich verwegen, tapfer aber die verständige Art, von der ich spreche.

Laches 197a–c

X
Drei Gleichnisse

Das Schiffergleichnis

»Wie fügt sich das zusammen, zu behaupten, nicht eher werde das Unheil von den Staaten weichen, ehe nicht in ihnen die Philosophen herrschen, und andererseits ihre Unbrauchbarkeit dafür zuzugeben?«

»Du stellst eine Frage, die nach einem Gleichnis als Antwort verlangt!«

»Als ob du sonst nicht in Gleichnissen zu antworten pflegtest!«

»Sehr gut!« erwiderte ich. »Du spottest noch, der du mich in eine so schwierige Untersuchung hineingelockt hast! Höre nun das Gleichnis, damit du noch besser erkennst, wie ich nach Gleichnissen begehre! Denn das Ungemach, das gerade die Besten in ihrem Verhältnis zum Staat erleiden, ist so schwer, daß man es sonst in solcher Häufung gar nicht an einem Einzelding findet. Vielmehr muß man aus vielen Einzelzügen das Ganze zusammenfügen, will man sie, die Philosophen, in einem Gleichnis verteidigen – ähnlich den Malern, die Bockhirsche und ähnliche Mischgestalten malen. Stell dir folgenden Vorgang vor, auf mehreren Schiffen oder auf einem. Ein Schiffsherr, größer und stärker als alle Matrosen an Bord, aber schwerhörig und ebenso kurzsichtig, ohne viel Kenntnis von der Seefahrt; die Schiffer aber streiten untereinander um die Führung des Steuers, da jeder glaubt, er müsse steuern, ohne je die Seefahrt erlernt zu haben, ohne einen Lehrer aufweisen zu können oder eine Lehrzeit; dazu sagen sie ja noch, die Kunst sei gar nicht lehrbar, und wer sie für lehrbar erklärt, den sind sie bereit niederzuschlagen. So drängen sie sich immer um den Schiffsherrn und bitten und beschwören ihn, ihnen das Steuer zu überlassen; manchmal, wenn nicht sie, sondern andere ihn überreden, töten sie diese andern oder werfen sie aus dem Schiff hinaus; den hohen Schiffsherrn fesseln sie mit einem Schlaftrunk oder durch einen Rausch oder sonstwie und herrschen nun über das Schiff und seinen Inhalt; trinkend und schmausend, wie es üblich ist bei diesen Leuten, segeln sie dahin; jeglichen rühmen sie und nennen ihn einen trefflichen Schiffer und Steuermann, der geschickt mithilft, daß sie Herren des Schiffes werden, ob sie nun den Schiffsherrn gütlich überreden oder mit Gewalt zwingen; wer aber nicht so ist, den tadeln sie als unbrauchbar. Vom wahren Steuermann aber wissen sie gar nichts: daß er sich um das Jahr und seine Zeiten, um Himmel und Sterne, um Winde und alles übrige, was zu seinem Fachgebiet gehört, kümmern muß, wenn er in Wahrheit ein Führer des Schiffes sein will; das wissen sie so wenig, wie daß zum Führen des Steuers – mit oder gegen den Willen der Leute – es keine andere Kunst zu erreichen gelte außer der des Steuermanns! Wo solche Verhältnisse auf den Schiffen herrschen, da wird wohl der wahre Steuermann ein Himmelsgucker, Schwätzer und Taugenichts genannt von den Schiffern, die in solchen Schiffen fahren, glaubst du nicht?«

»Ganz sicher«, antwortete Adeimantos.

»Ich glaube, du brauchst nicht eine eigene Ausdeutung des Bildes, um zu sehen, daß es dem Verhalten der

Staaten gegenüber den wahren Philosophen gleicht, sondern du verstehst schon meine Gedanken.«

»Sehr gut!« *Der Staat* VI,487e–489a

Das Ungeheuer, der Löwe und der Mensch

»Nun wollen wir uns mit dem Vertreter dieser Meinung unterhalten, da wir uns über den Wert des gerechten und ungerechten Handelns geeinigt haben.«

»Wie aber?«

»Indem wir uns in Gedanken ein Bild der Seele machen, damit jener daran seine Behauptung überprüfen kann.«

»Was für ein Bild?«

»Ein Bild wie von jenen alten Gestalten, von denen uns die Mythen berichten, wie die Chimaira, die Skylla, der Kerberos und viele andere mehr, in denen viele Gestalten in eine zusammenwuchsen.«

»Von solchen erzählt man ja.«

»Forme nun eine einzige Gestalt eines bunten und vielköpfigen Tieres, das die Köpfe von wilden und zahmen Tieren ringsum trägt und sich verwandeln und alle diese Tiere aus sich heraus erschaffen kann.«

»Eines gewaltigen Plastikers Werk! Dennoch, da der Gedanke leichter formbar ist als Wachs und ähnliches, soll es geformt sein!«

»Dazu als zweite Gestalt die eines Löwen und als dritte die eines Menschen; die erste sei die weitaus größte und die folgende am zweitgrößten!«

»Diese sind schon leichter und daher schon fertig geschaffen.«

»Nun füge sie zusammen, die drei in eine einzige

Gestalt, so daß sie irgendwie zusammengewachsen erscheinen.«

»Das ist schon geschehen!«

»Und nun forme außen herum die Gestalt eines einzigen Wesens, eines Menschen; wer also nicht ins Innere schauen kann, sondern nur die äußere Hülle erblickt, soll glauben, ein einziges Lebewesen zu sehen, einen Menschen.«

»Die Hülle ist umgelegt.«

»Wer nun behauptet, Unrechttun nütze einem solchen Menschen, Rechttun aber nicht, dem wollen wir nun entgegenhalten: damit behaupte er nichts anderes, als daß es für dieses Wesen von Vorteil sei, das vielgestaltige Ungetüm zu füttern und stark zu machen und den Löwen dazu und was zu ihm gehört, während der Mensch verhungert und schwach wird; und so läßt er sich hinziehen, wohin die beiden andern Tiere wollen, und statt sie aneinander zu gewöhnen und untereinander zu befreunden, sieht er zu, wie sie sich gegenseitig zerfleischen und im Kampf auffressen.«

»Gerade das behauptet der Lobredner des Unrechttuns.«

»Wer hingegen den Vorteil der Gerechtigkeit vertritt, verlangt Handlungen und Reden, durch die der innere Mensch zum Herrn der ganzen Person wird und zum sorgsamen Betreuer des vielköpfigen Untieres, wie ein Bauer, der die zahmen Triebe nährt und hegt, die wilden aber am Wachsen hindert, wobei er sich die Natur des Löwen zum Verbündeten machen, gemeinsam für alle sorgen, sie miteinander und mit ihm selbst befreunden und sie so aufziehen soll.«

»Ebensolches behauptet ein Lobredner der Gerechtigkeit.«

»In jeder Hinsicht also spricht der Lobredner der Gerechtigkeit die Wahrheit und lügt sein Gegner. Ob man nun auf die Lust oder den Ruhm oder den Nutzen sieht, der Lobredner der Gerechtigkeit spricht wahr, der Tadler tadelt ohne jeden vernünftigen Grund und ohne zu wissen, was er tadelt.«

»Er hat, denke ich, keine Ahnung davon.«

»Nun wollen wir ihn durch gütiges Zureden – denn er fehlt ja nicht mit Absicht – überzeugen und fragen: Mein Lieber, sollen wir nicht unsere gewöhnlichen Vorstellungen vom Schönen und Häßlichen auf folgende Weise herleiten. Schön ist alles, was die wilden Triebe der Natur dem Menschen, ja vielleicht dem Gotte unterwirft, häßlich hingegen, was das Edle dem Tierischen unterjocht. Wird er da zustimmen oder nicht?«

»Wenn er mir folgt, ja!«

»Kann es – nach dieser Untersuchung – einem Menschen nützen, wenn er wider Recht Gold nimmt und als Folge seinen besten Teil dem schlechtesten unterwirft? Oder etwas anderes: wenn jemand um Gold seinen Sohn oder seine Tochter als Sklaven verkaufte, dazu noch unter wilde und schlechte Menschen, dann hätte er gewiß keinen Gewinn, auch nicht, wenn er sehr viel Geld dafür bekäme. Wenn er aber seinen göttlichsten Teil dem gottlosesten und verruchtesten unterjocht, ohne sich zu erbarmen, dann ist er nicht unglücklich? Und doch läßt er sich zu einem Verbrechen bestechen, das weit furchtbarer ist als das der Eriphyle, die für das Leben ihres Gatten einen goldenen Reifen nahm.«

»Viel verwerflicher wäre das! Denn ich will für ihn antworten.« *Der Staat* IX,588b–590a

»Und nun«, fuhr ich fort, »mache dir den Unterschied zwischen Bildung und Unbildung in unserer Natur an dem folgenden Erleben gleichnishaft klar. Stelle dir die Menschen vor in einem unterirdischen, höhlenartigen Raum, der gegen das Licht zu einen weiten Ausgang hat über die ganze Höhlenbreite; in dieser Höhle leben sie von Kindheit, gefesselt an Schenkeln und Nacken, so daß sie dort bleiben müssen und nur gegen vorwärts schauen, den Kopf aber wegen der Fesseln nicht herumdrehen können; aus weiter Ferne leuchtet von oben her hinter ihrem Rücken das Licht eines Feuers, zwischen diesem Licht und den Gefesselten führt ein Weg in der Höhe; ihm entlang stelle dir eine niedrige Wand vor, ähnlich wie bei den Gauklern ein Verschlag vor den Zuschauern errichtet ist, über dem sie ihre Künste zeigen.«

»Ich kann mir das vorstellen«, sagte Glaukon.

»An dieser Wand, so stell dir noch vor, tragen Menschen mannigfache Geräte vorbei, die über die Mauer hinausragen, dazu auch Statuen aus Holz und Stein von Menschen und anderen Lebewesen, kurz, alles mögliche, alles künstlich hergestellt, wobei die Vorbeitragenden teils sprechen, teils schweigen.«

»Merkwürdig sind Gleichnis und Gefesselte, von denen du sprichst.«

»Sie gleichen uns! Denn sie sehen zunächst von sich und den anderen nichts außer den Schatten, die von dem Feuer auf die gegenüberliegende Mauer geworfen werden, verstehst du?«

»Natürlich, wenn sie gezwungen sind, ihre Köpfe unbeweglich zu halten ihr Leben lang.«

Die Schule von Athen
(Ausschnitt mit Platon [li.] und Aristoteles)
Fresko von Raffael, 1510–11
(Vatikan, Stanza della Segnatura)

»Dasselbe gilt auch von den vorübergetragenen Geräten, nicht?«

»Gewiß!«

»Wenn sie sich untereinander unterhalten könnten, da würden sie wohl glauben, die wahren Dinge zu benennen, wenn sie von den Schatten sprechen, die sie sehen.«

»Notwendigerweise!«

»Wenn nun weiter das Gefängnis ein Echo hätte von der Wand gegenüber, und wenn einer der Vorübergehenden etwas spräche, dann käme – so würden sie glauben – der Ton von nichts als von dem vorübergehenden Schatten, nicht?«

»Ganz so, bei Zeus.«

»Alles in allem: diese Leute würden nichts anderes für wahr halten als die Schatten der Geräte.«

»Notwendigerweise!«

»Überlege nun Lösung und Heilung aus Ketten und Unverstand, wie immer das vor sich gehen mag – ob da wohl folgendes eintritt. Wenn etwa einer gelöst und gezwungen würde, sofort aufzustehen und den Kopf umzuwenden, auszuschreiten und zum Licht zu blicken, wenn er bei alledem Schmerz empfände und wegen des Strahlenfunkelns jene Gegenstände nicht anschauen könnte, deren Schatten er vorher gesehen – was glaubst du, würde er da wohl antworten, wenn man ihm sagte, er habe vorher nur eitlen Tand gesehen, jetzt aber sehe er schon richtiger, da er näher am Seienden sei und sich zu wirklichen Dingen hingewendet habe; wenn man ihn auf jeden der Vorbeigehenden hinwiese und zur Antwort auf die Frage zwänge, was das denn sei? Würde er da nicht in Verlegenheit sein und glauben, was er vorher erblickt, sei wirklicher als das, was man ihm jetzt zeige?«

»Gewiß!«

»Und wenn man ihn zwänge, ins Licht selbst zu blicken, dann würden ihn seine Augen schmerzen, und fluchtartig würde er sich dem zuwenden, was er anzublicken vermag. Dies würde er dann für klarer halten als das zuletzt Gezeigte, nicht?«

»So ist es!«

»Wenn man ihn«, fragte ich weiter, »von dort wegzöge, mit Gewalt, den schwierigen und steilen Anstieg hinan und nicht früher losließe, bis man ihn ans Licht der Sonne gebracht hätte, würde er da nicht voll Schmerz und Unwillen sein über die Verschleppung? Und wenn er ans Sonnenlicht käme, da könnte er wohl – die Augen voll des Glanzes – nicht ein einziges der Dinge erkennen, die man ihm nunmehr als wahr hinstellte. «

»Nicht sofort wenigstens!«

»Er brauchte Gewöhnung, denke ich, wenn er die Oberwelt betrachten sollte; zuerst würde er am leichtesten die Schatten erkennen, dann die Spiegelbilder der Menschen und der anderen Dinge im Wasser, später sie selbst; hierauf könnte er die Dinge am Himmel und diesen selbst leichter bei Nacht betrachten, aufblickend zum Licht der Sterne und des Mondes, als bei Tag die Sonne und ihr Licht.«

»Natürlich!«

»Zuletzt aber könnte er die Sonne, nicht ihr Abbild im Wasser oder auf einem fremden Körper, sondern sie selbst für sich an ihrem Platz anblicken und ihr Wesen erkennen.«

»Notwendigerweise!«

»Und dann würde er durch Schlußfolgerung erkennen, daß sie es ist, die die Jahreszeiten und Jahre schafft und alles in der sichtbaren Welt verwaltet und irgendwie Urheberin ist an allem, was sie gesehen haben.«

»Klar, so weit würde er allmählich kommen!«

»Nun weiter. Wenn man ihn dann an seine erste Wohnung, an sein damaliges Wissen und die Mitgefangenen dort erinnerte, würde er sich dann nicht glücklich preisen wegen seines Ortswechsels und die andern bedauern?«

»Gar sehr!«

»Wenn sie damals Ehrenstellen und Preise untereinander ausgesetzt haben und Auszeichnungen für den Menschen, der die vorbeiziehenden Gegenstände am schärfsten erkannt und sich am besten gemerkt hat, welche vorher und welche nachher und welche zugleich vorbeizogen, daher am besten auf das Kommende schließen könne, da nun dieser Mann besondere Sehnsucht nach ihnen habe und jene beneiden, die bei ihnen in Ehre und Macht sind? Oder wird es ihm gehen, wie Homer sagt, er begehre

›Arbeit, um Lohn zu verrichten
Bei einem ärmlichen Mann auf dem Lande ...‹

und alles eher zu erdulden, als wieder nur jene bloßen Meinungen zu besitzen und auf jene Art zu leben?«

»Lieber wird er alles über sich ergehen lassen als so leben!«

»Und dann überlege noch dies: Wenn ein solcher wieder hinabstiege und sich auf seinen Sitz setzte, hätte er dann die Augen voll Dunkelheit, da er soeben aus der Sonne gekommen ist?«

»Und wie!«

»Und wenn er dort wieder im Unterscheiden der Schatten mit jenen immer Gefesselten wetteifern müßte zur Zeit, da seine Augen noch geblendet sind und sich noch nicht umgestellt haben – und diese Zeit der Gewöhnung wird nicht kurz sein! –, würde er da nicht ausgelacht werden und bespöttelt, er sei von seinem Aufstieg mit verdorbenen Augen zurückgekehrt; daher sei es nicht wert, den Aufstieg auch nur zu versuchen. Und wenn er sie dann lösen und hinaufführen wollte, würden sie ihn töten, wenn sie ihn in die Hände bekommen und töten könnten!«

»Sicherlich!«

»Dieses Bild«, fuhr ich fort, »mußt du nun, mein lieber Glaukon, als Ganzes mit unseren früheren Darlegungen verbinden. Die Welt des Gesichtssinnes vergleiche mit der Wohnung im Gefängnis, das Feuer in ihr mit der Macht der Sonne. Wenn du dann den Weg hinauf und die Schau der Oberwelt als den Aufstieg der Seele zur Welt des Denkbaren annimmst, dann verfehlst du nicht meine Ansicht, da du sie ja zu hören wünschst. Nur Gott weiß, ob sie auch richtig ist.«

Der Staat VII,514a–517b

XI
Zikaden und anderes

SOKRATES. [...] Man erzählt sich, daß diese Zikaden einstmals Menschen waren, ehe es noch Musen gab. Als aber die Musen entstanden und der Gesang an den Tag trat, da wurden einige von jenen so hingerissen vor Lust, daß sie singend Speise und Trank vergaßen und, ohne es innezuwerden, dahinstarben. Von diesen stammt seitdem das Geschlecht der Zikaden, das von den Musen dies Geschenk empfing, von ihrer Entstehung an keinerlei Nahrung zu bedürfen, sondern ohne Speise und Trank sogleich zu singen, bis sie sterben, dann aber zu den Musen kommen, um ihnen zu melden, wer von den Menschen hier eine von ihnen verehre. Der Terpsichore also melden sie die, welche sie in den Reigentänzen ehrten, und steigern so noch ihre Gunst, der Erato, welche sie durch Liebesgesänge feierten, und so bei den übrigen, jeder nach ihrer Weise der Verehrung. Kalliope aber, der Ältesten, und Urania, der ihr Nächsten, melden sie die, welche in Philosophie leben und ihre Musenkunst ehren, denn diese, unter den Musen besonders dem Himmel und den göttlichen und menschlichen Reden obwaltend, lassen die schönste Stimme tönen ... Aus vielerlei Gründen also müssen wir reden und nicht schlafen am Mittag.
PHAIDROS. Dann also müssen wir reden.

Phaidros 258d–259d

SOKRATES. [...] Es ist die Natur der Schwingen, durch ihre Kraft das Schwere in den Äther zu erheben und bis zu dem Orte zu tragen, wo das Göttergeschlecht haust, denn sie haben am meisten von allen leiblichen Dingen Anteil am Göttlichen. Das Göttliche aber ist schön, weise, edel und alles, was dem verwandt ist. Von diesem also nährt sich und wächst am meisten das Gefieder der Seele, durch das Häßliche aber und das Üble und was sonst jenem entgegengesetzt ist, nimmt es ab und schwindet ... Er aber, des Himmels großer Fürst Zeus, den geflügelten Wagen lenkend, fährt als erster dahin, der All-Ordnende und All-Waltende. Ihm folgt sodann in elf Scharen geordnet das Heer der Götter und Dämonen. Hestia nämlich bleibt allein im Götter-Hause. Die anderen führenden Götter, welche eingereiht sind in die Zwölf-Zahl, ziehen ihren Scharen voran nach der Ordnung, in die jeder gereiht ist. Zahlreich sind nun die seligen Sichten und Straßen im Himmelsraum, welche das Geschlecht der glückseligen Götter durchkreist, jeder von ihnen das Seinige verrichtend. Und es folgt ihnen, wer immer will und kann. Neid steht ja außerhalb des göttlichen Reigens. Wenn sie sich aber zu Speisung und Festmahl begeben, so fahren sie steil in die Höhe der innern Himmels-Wölbung. Da fahren denn die Gespanne der Götter, wohlgezügelt, leicht im Gleichgewicht dahin, die andern aber nur mit Not, denn das Roß der Schlechtigkeit drängt zur Erde und lastet mit seiner Schwere, wenn es von seinem Lenker nicht gut erzogen ist. Das legt der Seele härtestes Ringen und Mühsal auf. Wenn aber die, die unsterblich heißen, an den Gipfel gelangen, wenden sie nach außen und halten an auf dem Rücken der Himmelskugel, und während sie stehen, schwingt sie die Umdrehung im Kreise mit sich: sie aber schauen, was jenseits des Himmels ist.

Den überhimmlischen Raum aber hat noch kein irdischer Dichter nach Gebühr besungen, und es wird keinem nachmals gelingen. Es hat damit diese Bewandtnis – ja doch, das Wahre muß man sich erkühnen zu sagen, zumal wenn man über die Wahrheit selbst spricht: das Sein, das bar der Farbe, bar der Gestalt und untastbar wirklich ist, ist allein für den Lenker der Seele, den Geist zu schauen. Den Raum um jenes herum nimmt das Geschlecht des wahren Wissens ein. Da eines Gottes Denken, genährt von ungemischtem Geist und Wissen, und das Denken jeder Seele, welche Sorge trägt, das ihr Gebührende zu empfangen, nach ihrer Frist das Seiende erblickt, so freut sich die Seele daran und nährt sich von der Schau des Wahren und läßt es sich wohl sein, bis die Drehung sie im Kreise wieder auf die gleiche Stelle zurückträgt. In diesem Umlauf erblickt sie die Gerechtigkeit selbst, erblickt die Besonnenheit, erblickt die Erkenntnis, nicht die, der ein Werden beschieden ist, noch die, welche immer eine andre ist in andern Dingen, die wir jetzt wirklich nennen, sondern die im wirklichen Wesen wesende Erkenntnis. Und wenn sie so die übrigen wirklichen Wesenheiten geschaut und sich daran geweidet hat, so taucht sie wieder in das Innere des Himmels und kehrt in ihr Haus zurück. Dort angekommen, führt der Lenker die Rosse an die Krippe, wirft ihnen Ambrosia vor und tränkt sie mit Nektar.

Und das ist der Götter Leben. Welche aber von den andern Seelen dem Gotte am besten gefolgt und ihm ähnlich wird, die erhebt das Haupt ihres Lenkers in den jenseitigen Raum, wird in der Umdrehung mit herumgeschwungen, jedoch wird sie durch die Rosse verwirrt und vermag das Seiende nur mit Mühe zu erblicken. Eine andere taucht bald auf, bald sinkt sie unter, aber mitgerissen von den Rossen, sieht sie manches, anderes nicht. Die übrigen insgesamt folgen zwar auch nach oben strebend, aber es gelingt ihnen nicht, und sie werden unter der Oberfläche herumgetrieben, treten und stoßen sich gegenseitig, da jede die andere überholen will. Da erhebt sich wildestes Getöse, Kampf und Entsetzen, wo durch die Schuld der Lenker viele gelähmt, vielen die Schwingen gebrochen werden. Alle diese aber kehren um nach langer Mühe, ohne die Weihe durch die Schau des Seienden, und heimgekehrt nähren sie sich von bloßer Erscheinung.

Der Grund aber für den großen Eifer, das Gefilde der Wahrheit zu finden, ist der, daß auf den Auen dort die dem edelsten Teile der Seele gebührende Weide sprießt, durch die der Wuchs der Flügel, mit denen die Seele sich erhebt, genährt wird. Und dies ist das Gesetz der Adrasteia: Welche Seele dem Gott folgen konnte und etwas vom Wahren erblickte, die soll bis zur nächsten Wiederkehr kein Leid erfahren, und wenn ihr dies immer wieder gelingt, soll sie immer unversehrt bleiben. Wenn sie aber zu schwach war, mitzukommen, und nichts erblickte und sie, von einem Unfall betroffen, schwer wird durch die Last von Vergeßlichkeit und Schlechtigkeit, durch ihre Schwere die Schwungfedern zerstößt und zur Erde stürzt, dann gilt das Gesetz, daß sie bei der ersten Geburt noch nicht eingepflanzt wird in ein tierisches Geschöpf, sondern die, welche von ihnen am meisten geschaut hat, in den

Keim eines Freundes der Weisheit oder der Schönheit oder eines Dieners der Musen, oder des Eros, die zweite in den eines gesetzestreuen Königs oder einer Feldherrn- und Herrschernatur, die dritte in den eines Staatsmannes, eines Verwalters oder Geschäftsmannes, die vierte in den eines Mannes, der die Ausbildung oder der die Heilung des Körpers ausübt, die fünfte wird das Leben eines Wahrsagers oder eines Weihepriesters führen, der sechsten wird ein Dichter oder sonst ein nachahmender Künstler gemäß sein, der siebenten das eines Handwerkers oder Landmannes, der achten das eines Sophisten oder Volksschmeichlers, der neunten das eines Tyrannen.

Wer unter allen diesen sein Leben gerecht geführt hat, der erlost ein besseres Geschick, wer aber ungerecht, der ein schlimmeres. Nämlich zum Ort ihres Ursprungs gelangt die Seele nicht zurück unter zehntausend Jahren – denn es wachsen ihr keine Schwingen vor so langer Frist, außer wenn sie ohne Falsch nach Weisheit strebte oder in solchem Geist die Knaben liebte. Diese Seelen werden im dritten der tausendjährigen Umläufe, wenn sie dreimal hintereinander ein solches Leben gewählt haben, wieder beflügelt und kehren so im dreitausendsten Jahre heim. Die übrigen aber, wenn sie das erste Leben geendet haben, trifft das Gericht. Gerichtet gelangen die einen von ihnen in die Verließe unter der Erde und leisten Buße, die andern werden auf Dikes Spruch in irgendeinen Ort des Weltraumes erhoben und führen dort ein Leben, wie es ihres Lebens in menschlicher Gestalt wert ist. Im tausendsten Jahre aber sammeln sich beide Gruppen zur Auslosung und zur Wahl des zweiten Lebens, und jede Seele wählt sich, welches sie will. Jetzt kann auch eine menschliche Seele in ein tierisches Leben übergehen, und aus einem Tiere, wer früher einst ein Mensch war, wieder in einen Menschen. Doch eine Seele, die niemals die Wahrheit erblickt hat, wird nicht in diese Gestalt eingehen, denn zum Menschen gehört es, das gemäß der Idee Gesagte zu verstehen, das aus vielen Wahrnehmungen durch den Verstand in eins zusammengefaßt wird. Dies aber ist Erinnerung an jenes, was einst unsere Seele erblickte, als sie dem Zuge des Gottes folgte und hinwegschaute über das, was wir jetzt Sein nennen, das Haupt aufreckend in das Wirklich-Seiende. Darum wird auch gerechtermaßen allein der Geist der Weisheit-Liebenden beflügelt, denn er weilt, soweit er vermag, immerfort im Gedenken bei jenen Dingen, bei denen Gott verweilt, um göttlich zu sein. Der Mann allein, der solche Erinnerungen richtig anwendet, immerdar in vollkommene Weihen eingeweiht, wird endlich der wahrhaft Vollkommene. Tritt er aber aus der Bahn menschlicher Bestrebungen und wird dem Göttlichen hörig, so wird er von der Menge als wahnsinnig gescholten, denn daß er des Gottes voll ist, bleibt ihr verborgen.

Hier tritt nun ganz die Rede ein von der vierten Art des Rausches. Wenn nämlich ein Mensch beim Anblick der irdischen Schönheit sich der wahren erinnert, so daß ihm die Flügel wachsen und er die Flügel regt in der Sehnsucht, sich aufzuschwingen – er aber hat nicht die Kraft dazu und blickt gleich wie ein Vogel nach oben, ohne des Unteren zu achten, so gibt er Anlaß, daß man ihn wahnsinnig nennt. Diese aber ist unter allen Gott-Begeisterungen die edelste und von edelstem Ursprung für ihren Träger und ihren Genossen, weil um der Teilnahme willen an diesem Rausch der die Schönen Liebende ein Verliebter genannt wird. Denn, wie schon gesagt worden, hat jede menschliche Seele zwar ihrer Natur nach das Seiende geschaut, weil sie sonst nicht in ein solches Geschöpf eingegangen wäre, doch fällt es nicht allen leicht, sich aus den irdischen Erscheinungen an das Seiende zu erinnern, sei es, daß sie es damals nur kurz gesehen haben, sei es, daß sie beim Sturz auf diesen Ort hier das Mißgeschick betraf, in eine schlechte Gesellschaft zu geraten, so daß sie das Heilige vergaßen, das sie einstmals geschaut. Wahrlich, wenige sind übrig, denen ein zulängliches Gedächtnis innewohnt. Diese aber, wenn sie hier ein Abbild der Wesen droben erblicken, so werden sie erschüttert, und sie sind außer sich – was ihnen aber geschieht, wissen sie nicht, weil sie es nicht recht durchschauen. Denn die irdischen Nachbilder der Gerechtigkeit und Besonnenheit und was sonst der Seele kostbar ist, haben keine Leuchtkraft, und wenn wir mit unsern schwachen Sinnen an die Bilder herantreten, erblicken nur wenige mit Mühe das Geschlecht des Urbildes. Die Schönheit aber war damals leuchtend zu schauen, als wir mit dem glückhaften Chore das selige Gesicht und Schauspiel erblickten, da wir dem Zeus, andre einem andern Gotte folgten und eingeweiht wurden in die Weihe, die nach ewigem Recht die seligste genannt wird, in der wir schwärmten als die Makellosen, noch unversehrt damals von Übeln, die uns in der künftigen Zeit erwarteten, vorbereitet und geweiht für makellose, klare, beharrende und selige Gesichte in reinem Lichte, wir selber rein und nicht behaftet mit dem, was wir jetzt Körper nennen, den wir festgeheftet mit uns herumtragen wie die Purpurschnecke ihr Haus.

Das sei der Dank für die Erinnerung, um deretwillen, in Sehnsucht nach dem Vergangenen, die Rede ausgesponnen wurde. Die wirkliche Schönheit aber leuchtete unter jenen Wesen – auch hierhergelangt, erfaßten wir sie durch den hellsten unserer Sinne als das am hellsten Strahlende. Ist doch das Gesicht bei uns die schärfste der körperlichen Wahrnehmungen, durch die aber die Weisheit nicht geschaut wird – denn eine furchtbare Liebe würde entfacht, wenn ein solches helles Bild von ihr selbst in unser Gesicht träte –, so auch das übrige, das der Liebe würdig ist. Nun aber hat die Schönheit allein dies Los, daß sie zugleich höchst klar Erscheinendes und höchst Liebenswertes ist. Doch wer nicht neu geweiht ist oder wer verdorben ist, der wird nicht heftig von hier zur Schönheit selbst dorthin gerissen, wenn er erblickt, was auf Erden ihren Namen trägt, und empfindet darum nicht Ehrfurcht bei ihrem Anblick, sondern der Lust ergeben strebt er in tierischer Art, sich ihr zu gatten und mit ihr zu zeugen, und scheut sich nicht, widernatürliche Lust zu suchen. Der Jüngst-Geweihte aber, der damals viel geschaut hat – wenn er ein gottähnliches Angesicht erblickt oder eine leibliche Gestalt, welche die Schönheit vollkommen abbildet, so befällt ihn zuerst ein Schauer, und etwas von den damaligen Ängsten überkommt ihn, dann aber, sie anschauend, verehrt er sie wie einen Gott, und fürchtete er nicht den Ruf eines übergroßen Rausches, so brächte er Opfer vor dem Geliebten, wie vor einem Götterbilde oder einem Gotte. Und da er ihn geschaut, befällt ihn im Wechsel wie nach Fieberfrost Schweiß und ungewohnte Hitze. Denn wie einen Regen empfängt er durch die Augen die Ausflüsse der Schönheit, die ihn erwärmen und die Keime des Fittichs tränken. Durchdrang ihn die Wärme, so schmilzt die alte Verhärtung um den Keim, die ihn einschloß und am Treiben hinderte, und während die Nahrung zuströmt, schwillt der Kiel des Gefieders und treibt mächtig von der Wurzel aus an der ganzen Gestalt der Seele, denn ehedem war sie ganz befiedert.

Da gärt es nun überall in ihr und bricht auf, und was die Zahnenden an den Zähnen leiden, wenn sie eben durchbrechen, ein Jucken und Unbehagen am Zahnfleisch, das leidet auch die Seele dessen, dem das Gefieder keimt: es gärt und juckt und macht ihr Unbehagen, wenn die Schwingen wachsen. Solange sie nun auf die Schönheit des Knaben blickt und die von dort sich losreißenden und ausströmenden Teilchen empfängt, welche daher Liebreiz benannt werden, und sie getränkt und durchwärmt wird, läßt ihre Pein nach, und sie ist froh. Ist sie aber wieder einsam und trocknet aus, so schrumpfen die Poren ein, durch die die Federn heraustreiben wollen, und ziehen sich zusammen, so daß sie die treibende Kraft des Gefieders abschließen. Diese aber, zusammen mit dem Liebreiz eingeschlossen, springt wie die schlagenden Adern und stößt überall gegen ihre Poren, so daß die ganze Seele, ringsum gestachelt, in Rasen verfällt und gepeinigt ist. Da sie aber wieder Erinnerung an den Schönen in sich trägt, ist sie froh. Und indem beides sich mischt, wird sie unruhig durch den unbegreiflichen Zustand und wird irre in ihrer Hilflosigkeit. So von Raserei befallen, kann sie weder nachts schlafen, weder des Tags an ihrem Orte verharren, sondern eilt sehnsüchtig dahin, wo sie glaubt, den Träger der Schönheit zu erblicken. Sobald sie ihn aber schaut und den Liebreiz auf sich einströmen läßt, so löst sich das vorher Verschlossene wieder auf, Atem schöpfend fühlt sie sich frei von Stacheln und Schmerzen und erntet wieder jene süßeste Lust der Gegenwart. Weswegen sie auch sich freiwillig niemals von ihm trennt und niemand ihr mehr gilt als der Schöne: Mütter, Brüder und Freunde hat sie insgesamt vergessen und achtet es nicht, daß ihre Habe vernachlässigt wird und zerrinnt, und selbst alle Sittsamkeit und alles Wohlverhalten, mit denen sie vordem sich schmückte, verschmäht sie und ist bereit, zu dienen und zu lagern, so nahe er es nur immer erlaubt, bei ihrer Sehnsucht. Denn wie sie den Träger der Schönheit verehrte, erfand sie auch ihn allein als Arzt der größten Leiden. Diesen Zustand, schöner Knabe, zu dem sich meine Rede wendet, nennen die Menschen Eros. Wenn du aber hörst, wie die Götter ihn nennen, wirst du vielleicht lächeln, so merkwürdig klingt es. Aus verschollenen Gesängen wiederholen einige Homeriden, wie ich glaube, zwei Verse auf den Eros, von denen der eine ziemlich übermütig und nicht besonders wohllautend ist. Sie singen so:

›Ihn benennen die Sterblinge zwar geflügelten Eros,
Götter nennen ihn Flügler, weil er die Schwingen
heraustreibt.‹

Mag man das nun glauben oder nicht, so hat es doch diese Bewandtnis mit dem Zustande des Verliebten und seiner Ursache …

Wenn nun aus dem Gefolge des Zeus einer ergriffen wird, so vermag er die Pein des Flügelnamigen standhafter zu tragen. Wenn aber die Diener des Ares, welche einst seinem Schwarme folgten, vom Eros ergriffen werden, so sind sie mordlustig und bereit, sich selber wie den Geliebten hinzuopfern, sobald sie glauben, von diesem gekränkt zu sein. So lebt jeder seinen Gott verehrend, zu dessen Chor er gehörte, und ihn nachahmend, wie er vermag, solang er unverdorben ist und das Dasein seiner ersten irdischen Geburt durchlebt, und in derselben Weise verhält er sich zu den Geliebten und den andern Menschen in Umgang und Begegnung. Nach seiner Artung also erliest sich jeder die Liebe zu einem der Schönen, und als ob es ein Gott wäre, stattet er ihn sich aus und belädt ihn mit Schmuck, um ihm mit begeisterter Feier zu huldigen. Es verlangt also die Folger des Zeus, daß Zeus-ähnlich in seiner Seele ihr Geliebter sei. Sie spähen darum aus, ob er eine Philosophen- und Herrscher-Natur habe. Und wenn sie ihn fanden und sich in ihn verliebten, so tun sie alles, damit er ein solcher werde. Wenn sie vorher auch in dieser Lebensführung noch unsicher waren, so bemühen sie sich alsbald, zu lernen, von wem sie immer können, ja auch selber zu forschen. In sich selber spürend erreichen sie es, des eignen Gottes Natur zu finden, weil sie gezwungen sind, unverwandt auf den Gott zu blicken, und indem sie durch die Erinnerung ihn selber fassen, empfangen sie in der Begeisterung aus ihm Sitte und Lebensführung, soweit es dem Menschen möglich ist, an einem Gotte teilzuhaben. Da sie aber als Ursache davon den Geliebten ansehen, so lieben sie ihn um so mehr. Und indem sie aus Zeus schöpfen wie die Bacchantinnen, so überströmen sie damit des Geliebten Seele und machen ihn, soweit es nur möglich ist, ihrem Gotte ähnlich. Die dagegen, welche der Hera folgten, suchen einen Königlichen, und wenn sie ihn fanden, tun sie an ihm in allen Stücken das gleiche. Die aber Apollon oder einem jeden der andern Götter gehören, die suchen, indem sie ihrem Gotte nachgehen, ihren Knaben von gleicher Natur, und wenn sie ihn gewonnen, so leiten sie ihn zur Lebensführung, Gestalt und Idee des Gottes, soweit es jeder vermag, indem sie selber ihn nachahmen und den Geliebten dazu überreden und ihn mit diesem Maß in Einklang bringen. Neid oder kleinlicher Mißgunst gegen den Liebling geben sie nicht Raum, sondern im größten Eifer, ihn zur vollkommenen Ähnlichkeit mit sich selbst und dem Gotte, den sie ehren, zu führen, tun sie so. So schön also und so selig ist der Eifer der wahrhaft Liebenden und die Weihe, wie ich sage, wenn sie erreicht haben, wonach sie eiferten, die durch den liebeberauschten Freund dem Freunde zuteil werden, wenn er sich gewinnen läßt. Gewonnen aber wird der Erwählte in dieser Weise:

Wie ich am Anfang dieses Gleichnisses jede Seele dreifach geteilt habe, in zwei Gestalten von Rosseart und drittens die Gestalt des Wagenlenkers, so wollen wir es auch jetzt weiter gelten lassen. Von den beiden Rossen, so sagten wir, sei das eine edel, das andere nicht. Welches die Tüchtigkeit des edlen, die Bosheit des unedlen ist, haben wir übergangen und holen es jetzt nach. Das eine von ihnen in schönerer Haltung, ist aufrecht von Wuchs, feingegliedert, den Hals aufreckend, mit geschwungener Nase, von weißer Farbe, mit dunklem Auge, stolz, aber auch Besonnenheit und Scham liebend, und da es den wahren Gedanken vertraut ist, wird es ohne Schlag, allein durch Befehl und Ermunterung gelenkt. Das andere ist senkrückig, plump und rasselos, steifnackig, kurzhalsig, stumpfnasig, schwarz von Farbe, die Augen mattblau mit Blut unterlaufen, der Ausschweifung und Frechheit freund, zottig um die Ohren, taub, kaum der Peitsche und dem Sporn gehorchend. Wenn nun der Wagenlenker, das liebreizende Antlitz erblickend, die Seele ganz vom Anschauen durchglüht, geschwellt wird vom stachelnden und brennenden Verlangen, so hält das dem Lenker gehorsame Roß, jetzt wie auch sonst immer von Scham beherrscht, sich selbst zurück, dem Geliebten nicht entgegenzuspringen. Das andere aber kehrt sich nicht länger an Stachel noch Peitsche des Lenkers, sondern springt und treibt mit Gewalt, macht dem Mitgespann und dem Lenker alle Not und zwingt sie, den Geliebten anzugehen und in ihm den Gedanken zu wecken an die Genüsse der Liebesgunst. Beide widersetzen sich anfangs zürnend, zu Frevel und Gesetzesbruch genötigt zu werden. Schließlich aber, wenn der Plage kein Ende ist, lassen sie sich mitreißen, geben nach und willigen ein, das Verlangte zu tun. Und so nahen sie sich ihm und schauen sie das Angesicht des Geliebten, das strahlende.

Indem aber der Lenker es erblickt, wird seine Erinnerung zur Natur der Schönheit getragen, und wieder sieht er diese neben der Besonnenheit auf heiliger Stufe stehen. Bei diesem Anblick erschrickt er, und voller Ehrfurcht weicht er nach hinten zurück und muß zugleich unwillkürlich die Zügel so hastig zurückreißen, daß beide Rosse sich auf die Schenkel setzen, willig das eine, weil es nicht widerstrebt, höchst widerwillig das zuchtlose. Indem sie nun weiter zurückweichen, benetzt das eine vor Scham und Staunen die ganze Seele mit Schweiß, das andre aber – kaum daß der Schmerz nachließ, den der Zaum und der Sturz ihm verursachte, und es wieder Atem geschöpft – bricht in zornige Schmähungen gegen den Lenker und den Spanngenossen aus, daß sie feige und unmännlich vom Platze gewichen und das Versprechen verletzt hätten.

Und sogleich will es die Widerstrebenden nötigen, wieder sich zu nähern, kaum daß es ihren Bitten nachgibt, es noch einmal aufzuschieben. Kam aber die verabredete Stunde, so erinnert es die beiden, welche tun, als hätten sie es vergessen, versucht sie wiehernd mit Gewalt zu zwingen, sie mitzuzerren, daß sie wieder dem Geliebten nahen, um ihm jene Worte zu sagen, den Kopf senkend und den Schweif reckend, auf den Zaum beißend, reißt es ohne Scham. Den Lenker aber überfällt noch stärker das gleiche Gefühl, wie vor dem Sperrseil wirft er sie zurück, reißt noch stärker den Zaum zwischen den Zähnen des zuchtlosen Rosses mit Gewalt nach hinten, so daß ihm die schmähsüchtige Zunge und die Lippen bluten, und stößt ihm Schenkel und Flanken zu Boden, daß sie ihm schmerzen. Und wenn das schlechte Roß dies oftmals erdulden mußte, läßt es ab vom Frevelmut, und gedemütigt folgt es nun dem Plane des Lenkers und vergeht in Furcht, wenn es den Schönen erblickt. So kommt es endlich dahin, daß die Seele des Liebenden dem Geliebten bescheiden und zaghaft nachgeht.

Da diesem also, als wäre er gottgleich, mit jedem Dienste gehuldigt wird von einem, der sich nicht verliebt gebärdet, sondern von wahrer Leidenschaft ergriffen ist, und da er selbst von Natur dem ihm Dienenden freund ist, so führt ihn im Laufe der Zeit seine Jugend und die natürliche Bestimmung dazu, sich den Verkehr mit ihm gefallen zu lassen – wenn er auch vordem den Liebhaber abgewiesen hätte, weil ihn Spielkameraden oder andere Leute irregeführt hatten durch die Verleumdung, es sei Schande, sich einem

Liebenden zu nahen. Denn niemals will es das Schicksal, daß der Schlechte dem Schlechten freund, noch daß der Edle dem Edlen nicht freund sei. Läßt er sich so herbei und nimmt Gespräch und Umgang auf, dann erschüttert die durch die Nähe wachsende Neigung des Liebenden den Geliebten, denn er empfindet, daß die andern Freunde und Verwandten in ihrer Gesamtheit ihm nichts an Freundschaft gewähren, was heranreichte an den gotterfüllten Freund. Wenn er dabei verharrt und sie sich nahe kommen und in den Gymnasien und im übrigen Verkehr sich berühren, dann ergießt sich der Quell jenes Stromes, den Zeus, als er in Ganymed verliebt war, Liebreiz nannte, in seiner Fülle auf den Liebenden und dringt teils in ihn ein, teils strömt er wieder nach außen ab, wenn jener erfüllt ist. Und wie der Wind oder der Schall von glatten festen Flächen abprallt und dahin zurückgetrieben wird, von wo er entsprang, so fließt der Strom der Schönheit durch die Augen, den natürlichen Eingang zur Seele, wieder in den Schönen zurück mit befiedernder Kraft, netzt die Poren der Federn und treibt die Flügel zum Wachsen und füllt auch die Seele des Geliebten mit Liebe. Nun liebt er und weiß nicht was. Weder weiß er, was ihm geschah, noch findet er ein Wort dafür, sondern er gleicht einem, dem ein anderer eine Augenentzündung übertrug und der die Ursache nicht zu nennen weiß, denn daß er wie in einem Spiegel im Liebenden sich selber erblickt, bleibt ihm verborgen. Und wenn der andere zugegen ist, so ist er ganz wie jener von seinem Schmerz befreit, ist er aber abwesend, dann sehnt er sich wieder ebenso und wird ersehnt: trägt er doch in sich das Abbild des Eros, den Anteros. Er nennt es aber nicht so und glaubt, daß es nicht Liebe, sondern Freundschaft sei. Zwar ähnlich wie jener, aber doch weniger heftig, begehrt er, ihn zu sehen, zu berühren, zu küssen, nebeneinander zu liegen, und wahrscheinlich wird er es bald danach auch tun. Dann hat auf dem gemeinsamen Lager das zügellose Roß des Liebhabers manches dem Lenker zu sagen und heischt für die vielen Mühen einen kleinen Genuß. Das Roß des Geliebten aber findet keine Worte; brünstig und ohne sich selbst zu verstehen, umarmt es den Liebhaber und küßt ihn, denn es liebt ihn wegen seiner innigen Zuneigung, und wenn sie zusammenliegen, wäre es an seinem Teil imstande, dem Liebenden die Gunst nicht abzuschlagen, um die er bäte. Aber gemeinsam mit dem Lenker widerstrebt dem der Spanngenoß aus Scham und Vernunft.

Wenn jetzt die edleren Kräfte des Geistes den Sieg erringen und zu einer geordneten Lebensführung und zur Philosophie leiten, so führen sie hier schon ein seliges und einträchtiges Leben, denn sie leben ihrer selbst mächtig und edelmütig, knechteten sie doch die Seelenkraft, in der die Schlechtigkeit, befreiten sie die, in der die Tüchtigkeit wurzelt. Sterben sie aber, so haben sie, beflügelt und unbeschwert, von den drei olympischen Wettkämpfen schon in Einem den Sieg errungen, der das größte Gut ist, das menschliche Besonnenheit oder göttlicher Rausch dem Menschen zu verleihen imstande ist. Wenn sie aber einer derberen und unphilosophischen, aber doch ehrliebenden Lebensweise folgen, dann überraschen wohl einmal im Trunke oder im Augenblick der Sorglosigkeit die beiden zuchtlosen Rosse die unbewachten Seelen, führen sie zusammen, so daß sie wählen und vollziehen, was der Menge die seligste Wahl scheint. Und haben sie es

Platon. Bauskulptur an einem Türsturz der Bodleian Library,
Oxford, um 1602

einmal getan, so wiederholen sie es auch in der Folge, aber nur selten, weil sie es nicht mit Zustimmung ihrer ganzen Seele tun. Einander freund geworden sind also auch diese, wenn auch weniger stark als jene, und sie verbringen so während dieser Liebe und darüber hinaus ihr Dasein, überzeugt, daß sie untereinander die höchsten Pfänder gegeben und empfangen haben, so daß es frevelhaft wäre, sie wieder zu lösen und jemals in Feindschaft zu geraten. Beim Tode verlassen sie zwar ungeflügelt, doch mit schon keimenden Flügeln den Leib, so daß auch sie einen nicht kleinen Siegespreis ihres Liebesrausches mit sich nehmen. Denn in Finsternis und den unterirdischen Pfad zu wandeln ist denen nicht verhängt, welche den himmlischen Weg schon beschritten hatten, sondern ein lichtes Leben im gemeinsamen Wandel glücklich zu sein und, nach der beschiedenen Frist, um der Liebe willen zu gleicher Zeit geflügelt zu werden.

So große, Kind, und so göttliche Geschenke wird dir die Freundschaft eines Verliebten spenden. Jene Vertraulichkeit aber des Nichtliebenden, die mit sterblicher Besonnenheit verdünnt ist, Sterbliches und Dürftiges haushälterisch zuteilend, gebiert die von der Menge als Tugend gepriesene Gemeinheit in der lieben Seele und bewirkt, daß sie sich neuntausend Jahre um die Erde und vernunftlos unter der Erde herumwälzt.

Dieser Widerruf, geliebter Eros, sei dir so schön und gut, wie wir nur irgend vermochten, gewidmet und entrichtet, und wenn er hier und da, zumal in der Wahl der Worte, dichterisch klingen mußte, so war's um Phaidros' willen. Möchtest du dem vorhin Gesagten Verzeihung, diesem hier deine Gunst gewähren und wohlgesonnen und gnädig die Liebeskunst, die du mir schenktest, nicht entziehen noch verkümmern im Zorne. Gib mir, daß ich nur noch mehr als jetzt bei den Schönen in Ehren stehe. Haben wir aber, Phaidros und ich, in der vorhergehenden Rede etwas gesagt, was dir verhaßt ist, so rechne es Lysias, dem Vater jener Rede zu und gebiete ihm Einhalt in solchen Reden und wende ihn zur Philosophie, wie sein Bruder Polemarchos sich zu ihr gewandt hat, damit auch dieser hier, sein Liebhaber, nicht weiter nach beiden Seiten schwanke wie jetzt, sondern ungeteilt unter philosophischen Gesprächen dem Eros sein Leben widme.

PHAIDROS. Ich bete mit dir, Sokrates, daß es so geschehen möge, wenn es besser für uns ist.

Phaidros 246d–257c

Die Erfindung der Schrift

Ich habe gehört, zu Naukratis in Ägypten habe es einen der alten Götter des Landes gegeben, dem auch der heilige Vogel, den sie Ibis nennen, geweiht war. Diese Gottheit trage den Namen Theuth. Dieser habe zuerst Zahl und Rechnung erfunden, und Meßkunst und Sternkunde, dann Brettspiel und Würfelspiel und schließlich auch die Buchstaben. König über das gesamte Ägypten war damals Thamus in der großen Stadt des oberen Landes, welche die Hellenen das ägyptische Theben, wie sie den Königs-Gott Ammon nennen. Zu diesem kam Theuth und zeigte ihm seine Künste und sagte, man müsse sie auch den anderen Ägyptern mitteilen. Thamus aber fragte von jeder, welchen Nutzen sie brächte, und wie jener es erklärt, so lobte er und tadelte was ihm gut oder nicht gut erklärt schien. Thamus soll nun dem Theuth vieles für und gegen jede dieser Künste erklärt haben, was zu weitläufig zu erzählen wäre. Als er aber zu den Buchstaben kam, sagte Theuth: »Diese Kunde, o König, wird die Ägypter weiser machen und ihr Gedächtnis erhöhen, denn zur Arznei für Gedächtnis und Weisheit wurde sie erfunden.« Der aber erwiderte: »O kunstreicher Theuth, der eine ist fähig, die Werkzeuge der Kunst zu erzeugen, ein andrer wieder zu beurteilen, welches Los von Schaden und Nutzen sie denen erteilen, die sie gebrauchen werden. Auch du sagtest jetzt als Vater der Buchstaben aus Zuneigung das Gegenteil dessen, was sie bewirken. Denn wer dies lernt, dem pflanzt es durch Vernachlässigung des Gedächtnisses Vergeßlichkeit in die Seele, weil er im Vertrauen auf die Schrift von außen her durch fremde Zeichen, nicht von innen her aus sich selbst die Erinnerung schöpft. Nicht also für das Gedächtnis, sondern für das Erinnern erfandest du ein Mittel. Von der Weisheit aber verleihst du deinen Schülern den Schein, nicht die Wahrheit. Denn wenn sie vieles von dir ohne Unterricht gehört haben, so dünken sie sich auch Vielwisser, da sie doch größtenteils Nichtwisser sind, und sie sind lästig im Umgang, da sie statt Weise Dünkelweise geworden sind.

Phaidros 274d–275a

XII

Schlußgebet

PHAIDROS. [...] laß uns gehen, da auch die Hitze gelinder geworden ist.
SOKRATES. Aber ziemt es sich nicht, zu diesen hier zu beten, ehe wir aufbrechen?
PHAIDROS. Du hast recht.
SOKRATES. O lieber Pan und alle ihr andern Götter an diesem Orte! Gebt mir, schön zu werden im Innern und laßt, was ich außen besitze, dem Innern befreundet sein. Für reich möge ich den Weisen halten, und die Art des Goldes sei mir in Fülle, die weder bringen noch nehmen kann ein andrer als der Besonnene. Bedürfen wir noch etwas anderes, Phaidros? Denn für mich ist um das Angemessene gebetet.
PHAIDROS. Bete hierum für mich mit. Denn Freunden ist ja das Gut gemeinsam.
SOKRATES. So laß uns gehen. *Phaidros* 278e

Textnachweise

Die in dieser Ausgabe zitierten Übersetzungen der Platon-Dialoge sind folgenden Ausgaben entnommen:

Apologie des Sokrates. Kriton. Übers. und hrsg. von Manfred Fuhrmann. Stuttgart: Reclam, 1987 [u. ö.].
Charmides. Griech./Dt. Übers. und hrsg. von Ekkehard Martens. Stuttgart: Reclam, 1977 [u. ö.].
Das Gastmahl. Übers. und hrsg. von Thomas Paulsen. Stuttgart: Reclam, 2008.
Gorgias oder Über die Beredsamkeit. Nach der Übers. von Friedrich Schleiermacher hrsg. von Kurt Hildebrandt. Stuttgart: Reclam, 1989 [u. ö.].
Laches. Griech./Dt. Übers. und hrsg. von Jula Kerschensteiner. Stuttgart: Reclam, 1975 [u. ö.].
Menon. Griech./Dt. Übers. und hrsg. von Margarita Kranz. Stuttgart: Reclam, 1994 [u. ö.].
Parmenides. Griech./Dt. Übers. und hrsg. von Ekkehard Martens. Stuttgart: Reclam, 1987 [u. ö.].
Phaidon. Übers. von Friedrich Schleiermacher. Stuttgart: Reclam, 1987 [u. ö.].
Phaidros oder Vom Schönen. Übertr. und eingel. von Kurt Hildebrandt. Stuttgart: Reclam, 1957 [u. ö.].
Protagoras. Griech./Dt. Übers. und hrsg. von Hans-Wolfgang Krautz. Stuttgart: Reclam, 1987 [u. ö.].
Der Sophist. Griech./Dt. Übers. und hrsg. von Helmut Meinhardt. Stuttgart: Reclam, 1990 [u. ö.].
Der Staat. Übers. und hrsg. von Karl Vretska. Stuttgart: Reclam, 1982 [u. ö.].
Theätet. Griech./Dt. Übers. und hrsg. von Ekkehard Martens. Stuttgart: Reclam, 1981 [u. ö.].
Timaios. Griech./Dt. Übers. und hrsg. von Thomas Paulsen und Rudolf Rehn. Stuttgart: Reclam, 2003.

Johann Wolfgang Goethe: West-östlicher Divan. Studienausgabe. Hrsg. von Michael Knaupp. Stuttgart 1999. – Die zitierten Worte stammen vom persischen Botschafter Mirza Abul Hassan Khan von Schiras während seines Aufenthaltes in St. Petersburg als außerordentlicher Abgesandter Seiner Majestät von Persien Fetch Ali Schah Catschar im Mai 1816.